Silvia Röben

Bildung – Bewertung – Beziehung – Bewusstsein?

Bildung im Spannungsfeld von Ökonomie und pädagogischer Beziehung

DIALOGISCHES LERNEN

Herausgegeben von Cornelia Muth

ISSN 1614-4643

7 *Susanne Mariyam Hüser-Granzow*
Kunst statt Strafe
Eine dialogische Betrachtung der ästhetischen Arbeit in der Sozialen Arbeit am Beispiel einer Bildhauerwerkstatt für straffällig gewordene Jugendliche
ISBN 978-3-89821-747-7

8 *Thomas Schwenk*
Sport und Bewegungserziehung in der Suchtarbeit
Sozialpädagogische und dialogisch-philosophische Aspekte in der Suchtprävention und Behandlung von Kindern und Jugendlichen
ISBN 978-3-89821-785-9

9 *Cornelia Muth*
Hilfe, ich bin mobil und heimatlos!
Zur Hauslosigkeit postmoderner Menschen
Mit einem Beitrag von Jan Großewinkelmann und Zeichnungen von Miriam Helfer
ISBN 978-3-89821-880-1

10 *Tanja Dräger*
Gender Mainstreaming im Kindergarten
ISBN 978-3-89821-869-6

11 *Dörthe Sontag*
Die modernen Kommunikationsmittel und das Dialogische Prinzip
Bedrohung und Chance für unser Menschsein? Eine dialogphilosophische Reflexion unserer zwischenmenschlichen Beziehungen im Zeitalter der Mediatisierung
ISBN 978-3-89821-893-1

12 *Isabel Diener*
Lehren und Lernen in offenen Arbeitsformen
Eine Diskussion über die Verwendung von offenen Arbeitsformen im Unterricht am Beispiel einer Pädagogik der Menschenrechte
ISBN 978-3-89821-976-1

13 *Cornelia Muth (Hrsg.)*
„dann kann man das ja auch mal so lösen!“
Auswertungsinterviews mit Kindern und Jugendlichen nach Trainings zur Gewaltfreien Kommunikation
ISBN 978-3-8382-0120-7

14 *Cornelia Muth*
Der Mensch zwischen Gut und Böse
Mit Texten von Martin Buber über das Böse nachsinnen
ISBN 978-3-8382-0340-9

15 *Cornelia Muth*
Von der interkulturellen Erfahrung zur transkulturellen Begegnung – und zurück
ISBN 978-3-8382-0350-8

16 *Cornelia Muth (Hrsg.)*
Ein Wegweiser zur dialogischen Haltung
Dialogische Praxisforschung in Arbeitsfeldern von Sozialer Arbeit und Pädagogik der Kindheit
ISBN 978-3-8382-0520-5

17 *Stefan Bockshecker, Dejan Kibbert*
Profession und Haltung in der Sozialen Arbeit
ISBN 978-3-8382-0789-6

18 *Nicole Pankoke, Silvia Röben*
Grenz-Räume dialogischer Bildung
Zwei Denkbewegungen
ISBN 978-3-8382-0798-8

19 *Nojin Malla Mirza*
Dialogische Ansätze in der Arbeitslosenberatung
Eine empirische Studie zu Grenzen und Perspektiven
ISBN 978-3-8382-1437-5

Silvia Röben

BILDUNG – BEWERTUNG – BEZIEHUNG – BEWUSSTSEIN?

Bildung im Spannungsfeld von Ökonomie und pädagogischer Beziehung

ibidem Verlag

Bibliografische Information der Deutschen Nationalbibliothek
Die Deutsche Nationalbibliothek verzeichnet diese Publikation in der Deutschen Nationalbibliografie; detaillierte bibliografische Daten sind im Internet über http://dnb.d-nb.de abrufbar.

Bibliographic information published by the Deutsche Nationalbibliothek
Die Deutsche Nationalbibliothek lists this publication in the Deutsche Nationalbibliografie; detailed bibliographic data are available in the Internet at http://dnb.d-nb.de.

ISBN-13: 978-3-8382-1470-2

Printed in the EU

Vorwort

Dieser Band von Silvia Röben kann wie ein Manifest der vorliegenden Reihe „Dialogisches Lernen“ gelesen werden. So erarbeitet die Autorin mit ihren Ausführungen zu zwischenmenschlichen Beziehungen (Kapitel vier) und zur Dialogphilosophie Martin Bubers (Kapitel fünf) tragfähige Säulen eines Dialogischen Bildungs-Manifestes.

Silvia Röben versteht ihre Ausarbeitung als kritische Erweiterung des in der Risiko-Gesellschaft herrschenden Bildungskonzeptes. Letzteres bewegt sich laut Autorin mehrheitlich auf einen wirtschaftlich und bio-technologisch orientierten Bildungsbegriff zu.

Weiter bezieht sich die Autorin auf das professionelle Handlungskonzept transkultureller Dialogik und kommt in ihrem Fazit zu der Überzeugung, dass wissenschaftliches Forschen seine mit-menschliche Seite ausbauen könnte, um konstruktive Lösungsansätze für die postmodernen Herausforderungen zu gewinnen. Damit stellt der vorliegende Band einen gewinnbringenden Beitrag zur dialogischen Bildungsforschung dar.

Cornelia Muth

im April 2020

Inhalt

„Immer wenn das Selbstverständliche nicht mehr selbstverständlich ist, schlägt die Stunde der Philosophie."

Georg Friedrich Hegel

1 Einleitung

Pädagogik gleicht in Prozessen praktischer Umsetzung einem intentionalen Konzept. Grob gefasst geht es um Bildung und Entwicklung, Sozialisation und Enkulturation. Unterschiedliche pädagogische Ansätze, untrennbar verwoben mit ihrem jeweiligen historischen und kulturellen Hintergrund, bildeten, wenn auch nicht je einmütig anerkannt, kritisch hinterfragt und kontrovers diskutiert einen Orientierung gebenden Rahmen dessen, was unter Bildung und Ent-*wicklung* verstanden wurde.

Seit den späten 80er-Jahren des 20. Jahrhunderts erlebt der Bildungsbereich jedoch eine Reformfreudigkeit, die sinnbildlich für Transformationsprozesse gesellschaftlicher Gefüge zu stehen scheint.

Für Konrad Paul Liessmann weist der Bildungsbereich auf diejenigen Tendenzen hin, die den Umbau von Gesellschaft als solches kennzeichnen:

> „Reform wurde dabei zu jenem Titel, unter dem der Abbau des Sozialstaates, die Privatisierung öffentlichen Eigentums und die Liberalisierung der Finanz- und Kapitalmärkte genauso vorangetrieben werden konnten, wie die Erosion staatlicher Strukturen und die Etablierung der Unternehmerperspektive als neue Weltanschauung und allgemeine Heilslehre“ (Liessmann, K.P., 2008, S.160).

Eine Orientierung gebende Definition dessen, was Bildung sei und wozu sie den Menschen befähigen soll, hat sich seither trotz vielfältiger Reformbemühungen bis in die Gegenwart nicht etabliert.

Im Gegenteil: Die Anwendungen des Terminus *Bildung*[1] im aktuellen Diskurs sind derart vielfältig, dass ein Ordnung schaffender Rahmen kaum denkbar erscheint.

Doch möglicherweise offenbart sich durch die diffuse Anwendung des Begriffs *Bildung* das Problem der Verschränkung der klassischen humanistischen Bildungsidee, die Bildung von Beginn an als Selbstbildung konzipierte - wodurch diese Idee, jedoch ebenso die Kritik daran und damit auch das Problem der allgemeinen menschlichen Vernunft, noch ebenso aktuell ist wie vor etwa 200 Jahren - mit den gegenwärtigen Anforderungen an das *Individuum* Mensch, „sich selber als Person" bewirtschaften zu müssen (vgl. Wimmer, M. mit Bezug auf Lohmann, 2002, S. 48ff.).

Im aktuellen politischen und gesellschaftlichen Diskurs steht Bildung für die Sicherung wesentlicher (wirtschaftlich relevanter)[2] Ressourcen in der Zukunft und als Begründung für Reformen. Bildung verspreche Aufstieg. Bildung lindere Ungleichheit. Bildung sichere Teilhabe an der Gesellschaft. Bildung ist (scheinbar) käuflich zu erwerben und bewirke die laut Marktversprechen vorhandene (vermeintlich reale und selbstverständlich vom Individuum abhängige) Bildungs-*Not-Wendigkeit.*

Eine *Wende* scheint tatsächlich *Not* zu tun. Was also kennzeichnet Bildung und was soll bzw. kann sie sein? Gelten Vermittlungsstandards und ökonomische Verwertbarkeit als Güte-Maßstab zur Anerkennung dessen, was

---

1 Kursive Schriftweise im Fließtext kennzeichnet Betonungen der Autorin.

2 Einfache Klammersetzung im Fließtext kennzeichnet gedankliche bzw. verständnisrelevante Hinzufügungen der Autorin.

Bildung ist, sind die klassischen Bildungstheorien lediglich bedingt anwendbar.

Michael Wimmer konstatiert bereits 2002 mit Bezug auf Meyer-Drawe, dass

> „[…] die Frage, wie sich unter den Bedingungen der fortgeschrittenen Moderne ein Selbst-und Weltverhältnis in Bildungsprozessen konstituieren kann, das weder den „Illusionen von Autonomie" (Meyer-Drawe 1990) erliegt, noch dem Anpassungsdruck nachgibt […]" (Klammerangabe im Original; S.R.) (Wimmer, M., 2002, S. 49)

seither eine der Grundfragen der Bildungstheorie sei, und begründet damit das Problem an der Kritik der Ökonomisierung von Bildung. Solange es keine eindeutigen und gemeinhin anerkannten Kriterien gibt, die bestätigen, dass

> „[…] dieses Selbstverhältnis allein nach Maßgabe eigener autopoietischer Operationen oder eher in einer Relation zum Anderen zu begreifen ist (vgl. Meyer-Drawe 1999)" (Klammerangabe im Original; S.R.) (Wimmer, M., ebd., S. 49)

oder die es zulassen,

> „[…] die Unverzichtbarkeit derjenigen „unproduktiven" Momente von Bildung zu begründen, die in der Reduktion von Bildung auf Ausbildung verloren zu gehen scheinen […]" (Wimmer, M. 2002, ebd., S 49)

entbehrt die Diskussion darüber, was Bildung sei, einer zielführenden Grundlage und fördert eher den Wildwuchs und die Willkür im Umgang mit dem *Begriff* Bildung, denn eine klärende Definition und rechtfertigt folgerichtig *noch* keine begründete Kritik an Ökonomisierung und ökonomischen Prozessen in deren Kontext.

Dennoch gilt es genau an dieser Stelle innezuhalten und die Perspektive zu wechseln: vom Fokus eines zwar diffusen, jedoch tendenziell ökonomisch geprägten Bildungsbegriffs im öffentlichen und politischen Diskurs auf die Erzeugung einer ökonomisch angelegten *Denkweise* der gesellschaftlichen Mitglieder, sprich Menschen, eben *durch* diesen Diskurs.

Es geht um die Frage, ob ein Verständnis von Bildung, welches den Versuch eines durch eine ökonomisch angelegte Denkweise vereinnahmten Bildungsdiskurses impliziert, den Bildungsanspruch, Menschen durch intersubjektive Identitätsfindung zu verantwortungsbewussten Mitgliedern von Gesellschaft zu befähigen, vernachlässigt werden und darüber hinaus vernachlässigen *kann*.

Entsprechen eine ökonomisch geprägte Denkweise und daraus resultierende Bedürfnisentwicklungen dem Menschen als soziale Person? Können wir, zum Zwecke der Selbstoptimierung, Sozialität in Form eines erlebbaren zwischenmenschlichen Kontakts von Subjekt zu Subjekt einfach abschaffen? Werden menschliche Beziehungen funktional im Sinne von Zuträglichkeit zum eigenen *Lebensprojekt*? Und, in Zeiten hochtechnologischer Entwicklung und der bereits wissenschaftlich beforschten und diskutierten *Interaktion* zwischen Mensch und Maschine[3], wie kann *sozial* im

---

3 Beispielsweise zum Einsatz von Pflegerobotern, Museumsrobotern usw. (vgl. vertiefend Bischof, A., 2017).

Feld der Anwendung definiert und programmiert werden? Ist *Sozialität,* auch im Hinblick auf Probleme, überhaupt algorithmisch zerleg- und lösbar? Gleichen wir Menschen uns beispielsweise durch konvergierende Prozesse den Maschinen an oder umgekehrt, und was bedeutet es in diesem Zusammenhang überhaupt, Mensch zu sein?

Wie wichtig ist gesellschaftliche Abstimmung in diesen Kontexten? Ist eine Sozialdemokratie auch und gerade bezüglich globaler Verantwortung ohne unvoreingenommene, von wahrhaft aufrichtigem Interesse gekennzeichnete zwischenmenschliche Beziehung überhaupt vorstellbar bzw. aufrecht zu erhalten?

Diese Fragen sind von signifikanter Relevanz und begründen sich allein dadurch, dass die Pädagogik als wissenschaftliche Disziplin Sachverhalte nicht lediglich als gegeben betrachtet, sondern diese auf in ihnen verborgene Möglichkeiten untersucht:

> „Neben der Aufgabe, *Sachverhalte präzise zu fassen* und sie zudem unter einen *kritischen Anspruch* zu stellen, gibt es aber noch ein drittes Merkmal, das pädagogische Theoriebildung kennzeichnet: Pädagogische Theorie enthält immer auch ein *spekulatives Moment*" (Pongratz, L.A., 2010, S. 10).

Dieses von Pongratz benannte ‚spekulative Moment'[4] kennzeichnet Bildung als Prozess des Werdens, jedoch impliziert es ebenso Abhängigkeiten.

---

4 Einfache Anführungsstriche im Fließtext kennzeichnen verwendete Termini der im jeweiligen Kontext genannten oder zitierten AutorInnen.

Bildung in professioneller pädagogischer Absicht ist demnach grundsätzlich auch als zukunftsorientiert zu verstehen und von Hypothesen der pädagogisch Intervenierenden geleitet. Sind Letztgenannte jedoch nicht bereit, Annahmen (im Sinne von Zuschreibungen) bezüglich ihrer KlientInnen in der Schwebe zu halten oder sich ihrer jeweils subjektiven Sicht auf die Welt bewusst zu werden, geraten diese Hypothesen möglicherweise zu wahrgenommenen Realitäten. Mit anderen Worten: Bildungsverläufe, zunächst losgelöst von personalen oder ökonomischen Parametern, sind nach diesem Verständnis abhängig von der Reflexionsfähigkeit und -bereitschaft von PädagogInnen *und* von der Qualität der (zwischenmenschlichen) Beziehung zwischen ihnen und ihrer Klientel.

Zugrunde liegt die Annahme, dass die Qualität der zwischenmenschlichen Beziehung im Bildungskontext entscheidend Einfluss nimmt auf die Entwicklung und Wahrnehmung des Subjekts in Anerkennung seiner selbst und seiner Lebens(um)welt.

Aus dieser Perspektive wird nicht lediglich die Notwendigkeit einer professionellen pädagogischen Haltung erkennbar, sondern ebenso die des *Sich-Bewusstseins* der eigenen personalen Struktur, um eine solche Haltung überhaupt einnehmen zu können. Letzteres wird von der Autorin als bedeutsam angesehen für jeden Menschen, losgelöst von seiner Profession. Aufgabe der Pädagogik ist es dann jedoch, den Boden dafür zu bereiten.

Einen solchen Zustand beschreibt der dialogisch-philosophische Ansatz Martin Bubers, dessen Grundannahmen dem erscheinenden ökonomischen Gebot im seit langem aktuellen politischen wie öffentlichen

Bildungsdiskurs diametral gegenüberstehen. Bubers Idee des ‚Ich-Werdens am Du' beschreibt nicht lediglich eine personale Bildungsbiographie, sondern gibt das ‚Zwischenmenschliche' als einen Raum an, der eine Erfahrung des Ich durch den dort verbundenen (mit eben diesem Ich) Anderen überhaupt erst möglich macht. Es geht also vorrangig um ein ‚Erleben' als zweckfreie, nicht von Vorannahmen geprägten Begegnung im gegenwärtigen Augenblick. Die reflektierte Erfahrung eines solchen Augenblicks trägt (wie spätere Kapitel dieser Arbeit ausführlicher darlegen) für Buber signifikant entscheidend zum Verlauf von Bildungsbiographien bei.

1.1 Thematischer Überblick, Aufbau und methodisches Vorgehen

Ziel dieser Arbeit ist es, aus philosophisch-pädagogischer Perspektive das aktuell diskutierte Verständnis von Bildung, welches einem Gebot ökonomischen Denkens gleicht, sowie dessen Wirkungen und mögliche Absichten in ein Verhältnis zu Bedürfnissen des Menschen zu setzen. Anhand dieser Verhältnissetzung vollzieht sich der Versuch, gesellschaftliche Wandlungen in deren dynamischer Prozesshaftigkeit wahrzunehmen, um einen gegenwärtigen Zustand von Gesellschaft (hier anhand ausgewählter Erscheinungen und maßgeblich bzw. hauptsächlich im europäischen Raum) zu erfassen und die Fähigkeit des Subjekts zur existentiellen Bewältigung von Übergängen in den Fokus zu bekommen. Auf Grundlage der gewonnenen Erkenntnisse wird anhand philosophischer Begründungen ein Entwurf pädagogischer Konzepte skizziert, innerhalb derer transkulturelles Handeln (hier analog zu Bubers dialogphilosophischen Bezeichnungen für eine Begegnung von Subjekt zu Subjekt gemeint) professionell tätiger PädagogInnen einer Verantwortung gleichkommt (vgl. Muth, C., 2011, S.5).

Inhaltlich geschieht dies über eine Auseinandersetzung mit dem aktuellen Bildungsdiskurs und dessen Ursprüngen und Auswirkungen hauptsächlich ausgehend von der Bildungsreformwelle seit Beginn des Bologna-Prozesses[5]. Entlang unterschiedlicher Quellen werden Steuerungsinstrumente und deren Wirksamkeit reflektiert, die innerhalb neoliberaler[6] Gesellschaften bestimmte Definitionen von Bildung manifestieren und die Entstehung von Menschenbildern in deren Kontext illustrieren.

Dies erfolgt, soweit bezugnehmend notwendig und umfänglich möglich, unter Berücksichtigung der technischen und technologischen Entwicklung, ohne die mit Bezug auf die Fragestellungen in Kapitel 1.1 ein annäherndes Erfassen akuter gesellschaftlicher Zustände im Sinne der Autorin weder möglich noch sinnvoll wäre.

---

[5] Die Bezeichnungen ‚Bologna-Prozess' und ‚Bologna-Abkommen' stehen für einen zwischenstaatlichen Reformprozess, der 1999 mit der sogenannten Bologna-Erklärung eröffnet wurde. Als Hauptziele sind genannt: die Förderung der europaweiten Mobilität Studierender und Dozierender, eine Stärkung der Zusammenarbeit in Lehre und Forschung sowie eine Vereinheitlichung und gegenseitige Anerkennung von Studien-/Ausbildungsgängen und Abschlüssen (vgl. Bundesregierung (Hrsg): *Bologna-Prozess.* Unter: https://www.bundesregierung.de/breg-de/service/bologna-prozess-616326. Zuletzt geprüft am 24.03.2020).

[6] Der Neoliberalismus gilt als eine Denkrichtung des Liberalismus, die eine markt-wirtschaftliche Ordnung der Wirtschaft und damit einhergehender Gestaltungsmerkmale anstrebt, staatliche Eingriffe jedoch nicht gänzlich ablehnt, sondern eingeschränkt zulässt (vgl. Bundeszentrale für politische Bildung (Hrsg.): *Neoliberalismus.* Unter: https://www.bpb.de/nachschlagen/lexika/lexikon-der-wirtschaft/20176/neoliberalismus. Zuletzt geprüft am 18.09.2019).

Im weiteren Verlauf werden die gewonnenen Erkenntnisse im Zusammenhang zu intrapersonalen und interpersonellen Aspekten des Menschen als Wesen und seiner individuellen Stellung zur Welt in den Blick genommen. Reflektiert wird dieses Verhältnis entlang des Dialog-philosophischen Ansatzes Martin Bubers, der überwiegend in Bezug auf das pädagogische Verhältnis vor der realistischen Wendung[7] in den 60er-Jahren diskutiert wurde, danach zunehmend seltener, jedoch regelmäßig wiederkehrend rezipiert wurde (vgl. Muth, C., 2011, S. 35).

Bezugnehmend auf das von Cornelia Muth[8] entwickelte philosophische Begründungskonzept für transkulturelles Handeln von Erwachsenen-BildnerInnen erfolgt der Transfer der theoretischen Erkenntnisse der vorangegangenen Reflexion in die Möglichkeiten pädagogischer Praxis (vgl. ebd., S. 5).

1.2 Anmerkungen zur Sprache

In dieser Arbeit werden, soweit möglich, bezogen auf die Geschlechter-Vielfalt Nennungen in einem Wort verwandt. Der Autorin ist bewusst, dass dies weder umfänglich geschieht, noch korrekt im Sinne der deutschen Rechtschreibung ist. Eine geringere Achtung ist damit weder

---

7 Begriffsprägung des Pädagogen Heinrich Roth. Dieser Terminus kennzeichnet dessen Forderung nach empirischen Methoden zur Ergänzung philosophisch orientierter Erkenntnis-Zugänge in der pädagogischen Forschung und war Teil des Titels seiner Antrittsvorlesung an der Georg-August-Universität 1961 in Göttingen (vgl. Lehberger, Carolin, 2009, S. 11 f.)

8 Cornelia Muth ist Professorin für Erziehungswissenschaft und Sozialphilosophie/Ethik an der Fachhochschule Bielefeld, Fachbereich Soziale Arbeit.

gegenüber Personen noch hinsichtlich der Orthographie zum Ausdruck gebracht.

2 Bildung: Ideen, Konzepte und Transformationen/Interpretationen eines Begriffs

Es ist eine alte Überzeugung des Abendlandes, dass Bildung und Erziehung dazu beitragen sollen, des Menschen Humanität zu entfalten (vgl. Krautz, J., 2014, S. 7). Dieses neuhumanistische Verständnis von Bildung konzipiert diese als Prozess der Entwicklung des Subjekts durch Reflexion seines Verhältnisses zu sich selbst und zur Welt im Rahmen seiner Möglichkeiten und, wie Humboldt formulierte, in der ‚regesten und freiesten Wechselwirkung' (Pongratz, L.A., 2010, S. 91 und vgl. ebd., S. 90).

Der implizierte Hinweis auf eine menschliche Verantwortung gegenüber der Welt und jeglicher Daseinserscheinung entbehrt nicht etwa der notwendigen Aneignung formellen Wissens. Vielmehr geht es hier um eine Entwicklung der Persönlichkeit in Anerkennung der Entfaltungsmöglichkeiten des eigenen Charakters und einer daraus resultierenden Haltung der natürlichen Welt und ihrer BewohnerInnen gegenüber.

Diese Idee von Bildung findet in Martin Bubers pädagogischem Ansatz und seinem Begriff von Lehre insofern ein Äquivalent, als dass es auch ihm um die unmittelbare Umsetzung erworbenen Wissens in das gelebte Leben geht. Für Buber ist die Wirkung in die Welt entscheidend, die das in Handlung umgesetzte Wissen auslöst (vgl. Bohnsack, F., 2008, S. 73).

Die Befähigung zu einem sinnvollen Leben ist grundlegender Anspruch seiner Idee von Bildung. Für Buber ist diese Befähigung nicht rein inhaltlich als Lehre in Form der Weitergabe von Wissen vermittelbar. Die

Aufnahme und Umsetzung entsteht für ihn durch Beziehung und Kontakt. Wesentlich für die Lernsituation ist die Authentizität der beteiligten Personen (vgl. Röben, S., 2015, S. 102).

Doch erschöpft sich Bubers Idee von Bildung nicht im Kontakt von Person zu Person.

> „Der Andere, bei *Buber* auch das Andere, ist eben nicht ein bloßes „Es", ein Ding unter anderen Dingen, Gegenstand der Erfahrung, sondern ein lebendiges Du, das die Welt der *Beziehung* stiftet, und wir können – hier allein auf den Menschen bezogen – mit *Buber* vielleicht sagen, dass in der Welt der Beziehung das Ich nicht ein „Geschäft" an dem Du betreibt, sondern an seinem Leben teilnimmt" (Kühn, R. M., 2012, S. 12).

In unserer neoliberalistischen Gesellschaft offenbart der öffentliche und politische Diskurs *Bildung* jedoch oftmals gleichgesetzt mit mess- und bewertbarem Wissen und dieses wiederum mit notwendigen Ressourcen für die wirtschaftliche Sicherung der Zukunft. In diesem Sinne wird Bildung nicht lediglich zur Ware, sondern Bildungseinrichtungen zwangsläufig zu Dienstleistern. Konsequent fortgedacht macht dies SchülerInnen und Studierende, ja sogar Kindertagesstättenkinder zu *Produkten* und Bildung zu einem *Geschäft.*

Diese, wie Konrad Paul Liessmann es formuliert, ‚Kapitalisierung des Geistes' findet einen ihrer ausschlaggebenden Impulse in der Bologna-Erklärung von 1999. In dieser Erklärung wird explizit darauf hingewiesen, dass ein ‚Europa des Wissens' für die menschliche und gesellschaftliche Entwicklung, ja sogar für die Festigung und Bereicherung der europäischen Bürgerschaft, unerlässlich sei. Die Schaffung eines einheitlichen europäischen Bildungsraums, welcher Wettbewerbsfähigkeit, Mobilität und arbeitsmarktbezogene Qualifizierung garantieren soll, sei notwendige Konsequenz (vgl. Liessmann, K.P., 2010, S. 10 und Autorengruppe Bologna Erklärung).

Die Mitglieder des Europäischen Rates von Lissabon stellten daraufhin im März 2000 fest, dass Europa auf dem Weg ins ‚Zeitalter des Wissens' sei. Diese Veränderung in sowohl wirtschaftlicher als auch sozialer Hinsicht berge die Notwendigkeit eines Umdenkens bezüglich der Grundannahmen von Bildung und Ausbildung. Als Folge dieser Feststellung gilt, dass eine Orientierung zum lebenslangen Lernen mit dem Übergang zu einer auf Wissen basierten Wirtschaft und Gesellschaft einhergehe (vgl. Kommission der Europäischen Gemeinschaften, KOM (2000) 1832, S. 3, und Röben, S., 2015, S. 104).

Diese Schlussfolgerungen führten zur Formulierung von sechs Botschaften und daraus resultierender Ziele. Die Inhalte allein geben bereits Auskunft über die Erwartungen, die an die Mitglieder dieser auf Wissen basierten Gesellschaft gestellt werden, doch bei genauerer Betrachtung – oder alternativer Lesart – offenbart sich bereits die *Formulierung* als zwar lyrisch gefasster, jedoch deutlich zum Ausdruck gebrachter Imperativ. Es handelt sich um Erwartungen, die der Mensch, jeder Mensch, zu erfüllen *hat*, will er teilhabend an Gesellschaft sein und bleiben (vgl. Röben, S., 2015, S. 104).

Doch verträgt sich diese Lesart möglicherweise nicht mit der Absicht eine Akzeptanz der europäischen Bürgerschaft zu erlangen. Diese Akzeptanz ist jedoch bedeutsam, soll die Umstrukturierung des öffentlichen Bildungswesens gelingen (vgl. Lohmann, 2002, S. 89).

2.1 Das ökonomische Gebot als Gewinn von Freiheit; Wahrheit oder Pflicht?

Was Roman Herzog als damaliger Bundespräsident in den 1990er-Jahren für deutsche Schulen und Hochschulen als Entlassung in die Freiheit propagierte mit der Begründung, unsere Bildungsinstitutionen nicht zum Schlusslicht werden zu lassen, kann rückblickend als wegbereitend für den Abbau öffentlicher Bildung betrachtet werden (vgl. Lohmann, I., 2002, S. 89).

Die Privatisierung und Kommerzialisierung des Bildungswesens begünstigte einerseits die Umwandlung und Anerkennung der Definition von Bildungsprozessen zu einem Vorgang im Umgang mit Wissen als Ware. Zeitgleich legitimiert diese Umstrukturierung in Form von Ökonomisierung der Bildung die *Marktgesetze* als Zugangsvoraussetzung *zu* Bildung. Angeboten wird, was nachgefragt wird. Die Nachfrage richtet sich jedoch nicht unbedingt nach den real vorhandenen Bedürfnissen und Möglichkeiten der Lernenden als *Endverbraucher-Bildungskunden* (vgl. ebd., S. 89).

Welche Freiheit ist also gemeint? Und wer ist dazu angehalten diese vermeintliche Freiheit wie zu nutzen?

2.1.1 Chancengleichheit als Wettbewerb, oder: Gleiche Bedingungen für die fortwährend gleichen Sieger

Das *Konzept* des Lebenslangen Lernens ist *eine* Folge der Umstrukturierung des Bildungswesens. In Anpassung an die globalen Anforderungen soll der europäische Bildungsraum von seinen BewohnerInnen dazu genutzt werden, die Verläufe ihrer Bildungsbiographien selbständig zu steuern. Es geht um die Sicherung von Wettbewerbsfähigkeit, arbeitsmarktbezogener Qualifizierung und nicht zuletzt um Mobilität. Um diese Sicherheit zu gewährleisten, bedarf es der Fähigkeit des einzelnen Menschen, das eigene Leben und das erworbene Wissen stetig auf Kompatibilität mit den Anforderungen zu überprüfen und gegebenenfalls zu modifizieren.

Die von den Mitgliedern des Europäischen Rates im März 2000 an die beteiligten Mitgliedsstaaten formulierten Botschaften und daraus resultierenden Ziele legen gleich zu Anfang fest, *dass* und *welche* neue/n Basisqualifikationen für alle erforderlich sind, um an der ‚Wissensgesellschaft' aktiv teilhaben zu können (vgl. Kommission der Europäischen Gemeinschaften, KOM (2000) 1832, S. 12 ff.).

Im hier auftauchenden Modell der ‚Wissensgesellschaft' ist nicht lediglich eine Bildungs-Programmatik vorgegeben, sondern zeitgleich die Figur des erfolgreichen Mitglieds und dessen Auftrag in deren Sinne beschrieben. Teil hat, wer die Basisqualifikationen erfüllt bzw. mindestens dazu bereit und in der Lage ist, sich diese anzueignen. Die Erklärung für diese Grundvoraussetzungen findet sich in der zweiten Botschaft, die zu höheren Investitionen in die Humanressourcen auffordert mit dem Ziel,

Humankapital optimal zu nutzen. Humankapital wird in dieser Botschaft zu Europas wichtigstem Kapital erhoben (vgl. ebd., S. 14).

Hier bestätigt sich die erkennbar werdende Figur als Menschenbild der Wissensgesellschaft: „Der wissende Mensch wird zum nutzbaren Kapital und sorgt zeitgleich durch seine aktive Lernbereitschaft für entsprechende Ressourcen“ (Röben, S., 2015, S. 104).

Bedeutsam ist es hier, eine mögliche *Wirkung* der Botschaften genauer in den Blick zu nehmen. Dem Menschen als gesellschaftlichem Mitglied sei die Möglichkeit offeriert, den Verlauf seiner Bildungsbiographie selbst zu bestimmen oder doch mindestens selbst zu steuern. Das heißt, ihm wird ein Angebot unterbreitet, über dessen Annahme und Nutzung er vermeintlich selbst entscheidet. Damit dies gelingt, muss er nicht lediglich in jeder erdenklichen Weise dazu in der Lage sein, sondern sich im Sinne dieser Idee *wahrnehmen*.

Das Angebot verspricht Chancengleichheit für alle Mitglieder der Wissensgesellschaft des europäischen Bildungsraumes und entbindet zeitgleich jeglicher Verantwortung denjenigen gegenüber, die an der Bewerkstelligung dieser Aufgabe, produktives Mitglied zu sein, aus welchen Gründen auch immer scheitern sollten.

In diese Wahrnehmung fügen sich Parolen, die Bildung als Garant für Aufstieg propagieren oder auch ‚Reichtum durch Bildung'[9] versprechen (vgl. Autorengruppe Bildungsberichterstattung, 2018, S. 207 ff.).

Weder die (im Rahmen dieser Arbeit) exemplarisch genannten Botschaften des Memorandums Lebenslanges Lernen noch die Parolen der Bildungsinitiativen setzen sich erkennbar mit den notwendigen Bedingungen der AdressatInnen auseinander. Die Formulierungen offenbaren jeweils die Schaffung und Bereithaltung eines Angebotes, die realen Voraussetzungen einer Nutzung desselben werden weder thematisiert, noch geht es darum, Erklärungen für die individuellen Bedingungen zu finden. Diese Vernachlässigung unterstreicht einerseits die – im Sinne des Systems des europäischen Bildungsraums möglicherweise forcierte – Verantwortungslage des Bildungsverlaufs beim Menschen als Bildungssubjekt und stabilisiert gleichzeitig mögliche Ursachen von Ungleichheit.

Helmut Heid geht sogar noch einen Schritt weiter und erkennt in diesem Versäumnis Bezug nehmend auf den betroffenen Menschen eine Legitimierung von Gründen für die *Notwendigkeit*, dessen „soziale Diskriminierung durch Bildung zu überwinden" (Heid, H., 2011, S.76).

Dieser Aspekt kann bezüglich der Eigen-Wahrnehmung und Beheimatung von Menschen signifikant bedeutsam sein; sie müssten sich nicht lediglich der Verantwortung für das Gelingen ihres subjektiven

---

9 Motto einer Veranstaltung des Managerkreises der Friedrich-Ebert-Stiftung am 17. Juni 2009.

Bildungsverlaufs stellen, sondern möglicherweise gleichzeitig anerkennen, dass ihre jeweilige Bezugs-Umgebung infrage zu stellen ist. Aufstieg steht immer in Beziehung zu einem Ausgangspunkt.

2.1.2 Unternehmerisches Denken und die Existenz von Gleichheit

Diese Vernachlässigungen und unbestimmten Definitionen begünstigen einerseits eine Willkür der Interpretation, Operationalisierung und Verwendung bezüglich der von den jeweiligen Autoren genannten Parolen und Begriffe und offenbaren gleichzeitig zielführende bzw. *zielverhindernde* Strategien in Bezug auf die zur Verfügung stehenden (ungleichen) Mittel (vgl. ebd., S. 69).

> „Denn die Personen, von deren Wissen, Wollen und Handeln, und das heißt vor allem: von deren *Interessen* die Bestimmung und Verwendung der hier relevanten Begriffe abhängt, haben sehr ungleiche Mittel und Möglichkeiten, an den Strategien zu partizipieren, in denen faktisch darüber entschieden wird, welche Bildung zu welchem Aufstieg „berechtigt"- oder nicht berechtigt" (Heid., H. ebd., S. 69).

Heid unterstreicht hier plausibel die Vermutung, dass bereits Aufgestiegene kein Interesse daran haben, sich von *AufsteigerInnen durch Bildung* in ihrer besonderen Stellung bedroht zu sehen. Ganz im Gegenteil,

> „[…] diejenigen Inhalte und Konkretisierungsformen von Bildung zur unabdingbaren Aufstiegsvoraussetzung zu erklären, die sich zur Rechtfertigung und

Absicherung ihrer [der bereits Aufgestiegenen; S.R.] gesellschaftlichen und wirtschaftlichen Position besonders gut eignen […]" (Heid, H. ebd., S. 69).[10]

Der vermutlich nur einseitig erwünschte Effekt in diesem Zusammenhang ist die aktive Bestärkung einer ‚Geltungsbegründung' und ‚Funktionsbestimmung' bereits ‚Aufgestiegener' durch diejenigen, die an der Möglichkeit eines wie auch immer gearteten Aufstiegs durch Bildung festhalten (vgl. ebd., S. 69 ff.).

Auf diese Weise reguliert sich der *Markt* bezüglich sozioökonomischer Positionen, denn ein Aufstieg bezieht sich nicht lediglich auf einen Ausgangs-, sondern ebenso auf einen Zielpunkt. Dieser Zielpunkt existiert nur, solange Ungleichheit besteht.

2.1.3 Ökonomische Interessen im wissenschaftlichen Gewand

Mit Blick auf die Entwicklung des Hochschulwesens seit des Bologna-Abkommens erscheint die Rolle von Universitäten im Sinne einer öffentlichen Versammlung, die sich mit *Wahrheitsfindung* bezüglich belangvoller Dinge beschäftigt, beinahe ins Gegenteil verkehrt.

Auf dem Weg von einer (historisch) modernen Bildungsuniversität zur gegenwärtigen (unternehmerischen) Exzellenzuniversität scheinen die an Wahrheitsfindung interessierten Studierenden und Lehrenden verloren gegangen zu sein. An ihre Stelle sind vermutlich diejenigen

[10] Fortlassungen und orthografische bzw. erklärende Hinzufügungen der Autorin im Originalzitat werden wie folgt gekennzeichnet: Fortlassung […], Hinzufügung [Text; S.R.].

BewohnerInnen von Universitäten getreten, die bestimmte Interessen *haben* bzw. von ihnen geleitet sind (vgl. Masschelein, J. und Simons, M., 2010, S. 10).

Doch sind es möglicherweise gerade die Studierenden, die hier zum

> „[…] Opfer des kalten Krieges im Namen der Exzellenz, der täglichen Keilereien im Kampf um Talente und Humankapital und des Innovationswettstreits des akademischen Unternehmertums [werden; S.R.]" (Masschelein, J. und Simons, M., ebd., S. 10).

Proteste der Studierenden mit politischen Slogans wie ‚Wir sind kein Humankapital' weisen sicherlich auf die Erkenntnis eines Identifikationsproblems, jedoch sind echte Reformbemühungen kaum spürbar und diese Stimmen in der Öffentlichkeit selten vernehmbar.

Möglicherweise offenbart sich hier nicht lediglich eine weitreichende Vernachlässigung bezogen auf die sich wandelnden Bedingungen des von den Mitgliedern des europäischen Rates benannten ‚Zeitalter des Wissens', sondern ein kausaler Zusammenhang zu den unter 2.1.2 formulierten Versäumnissen.

Wenn ökonomische Aspekte in der Umsetzung von Konzepten institutionell organisierten Lernens wohlwollenden pädagogischen oder erwachsenenbildnerischen Ansprüchen wie beispielsweise der individuellen Persönlichkeitsreifung übergeordnet werden, darf der Gedanke an selbst- und verantwortungsbewusstes Handeln als Befreiung von Unmündigkeit infrage gestellt werden – auch und *gerade* vor dem Hintergrund gesellschaftlicher Folgen.

2.1.4 Schlüsselqualifikation als postmodernes Bildungsideal

Während im ausgehenden 20. Jahrhundert miteinander konkurrierende (im unternehmerischen Sinne) Bildungsträger auf dem freien Ausbildungsmarkt beflissentlich daran arbeiteten, innovative Bildungskonzepte zu entwerfen und anzubieten, um der stetig wachsenden Nachfrage gerecht zu werden, schienen die institutionalisierten Bildungseinrichtungen an tradierten Konzepten von Lehren und Lernen festzuhalten (Burow, O.-A., 1997, S. 641).

Erst der Aufruf durch Mitteilungen der Europäischen Kommission und die Bildungs-Reform seit dem Bologna-Abkommen führte erkennbar zu diesbezüglichen Veränderungen, wie beispielsweise der Umstellung auf Bachelor- und Master-Studiengänge.

Dies brachte die Verantwortlichen der öffentlichen Bildungsträger in die repressive Notwendigkeit einer *Reaktion* auf längst stattgefundene Umbrüche innerhalb von Gesellschaft.

Möglicherweise erklärt sich in der Nachlässigkeit einer rechtzeitigen Wahrnehmung und Anerkennung sich wandelnder gesellschaftlicher und politischer Bedingungen ein Teil der Identifikationskrise institutioneller Bildungseinrichtungen *und* ihrer Klientel.

Durch interdisziplinäre Zusammenarbeit und kollektives Denken im besten Sinne einer öffentlichen Versammlung zu Themen gegenwärtigen Belangs hätte eine aktive Teilhabe an der Gestaltung von Organisations-,

Lehr- und Lernkonzepten stattfinden sollen, die den durch den Wandel hervorgerufenen Anforderungen Rechnung würden tragen können.

Die Reaktionen auf die Herausforderungen der gesellschaftlichen Umbrüche hätten möglicherweise ein Umdenken notwendig gemacht, welches Verantwortungsbewusstsein und Handlungsfähigkeit voraussetzt.

Während, wie Olaf-Axel Burow in seiner Analyse feststellt, im öffentlichen und politischen Bildungsdiskurs Schlüsselqualifikationen wie beispielsweise kreative und innovative Kompetenzen, vor allem aber Team- und Kooperationsfähigkeit zum neuen Bildungsideal mutierten, verharrten vielerorts Lehrende in einer konkurrenzorientierten Haltung und ignorierten das Potential interdisziplinärer Zusammenarbeit (vgl. ebd., S. 641).

Die zielführend optimale Koordination weitgehend selbständig und eigenverantwortlich agierender Arbeits-Teams durch Nutzung individueller Ressourcen und Potentiale ihrer Mitglieder kennzeichnet seither nicht lediglich die noch immer aktuelle Definition von ‚Wertschöpfung' und ist somit tendenziell ökonomisch konnotiert. Sie wird zugleich zum Anspruch an die teilhabenden BewohnerInnen der europäischen Wissensgesellschaft (vgl. ebd., S. 643).

Ein Wandel, auf den Teile des Wirtschaftswesens sich konkurrenzbedingt und damit selbsterhaltend, aber auch *richtungsweisend*, schneller eingestellt zu haben scheinen als ein Großteil des öffentlichen Bildungswesens.

Bemerkenswert ist hier ein semantischer Aspekt: Die Formulierungen zur Bewerbung des Angebotes (bezogen auf die zu erreichenden

Bildungsziele) der Bildungsträger sind mit den formulierten Ansprüchen des neuhumanistischen Bildungsbegriffs durchaus übereinstimmend. Einzig die anspruchsstiftende Geistigkeit bezieht sich nur in einem Fall auf die Selbstwerdung des Subjektes. Dem anderen Bildungsanspruch liegt etwas zu Grunde, das am ehesten mit einem „Geist des Geldes" umschrieben werden kann (Fohrmann, O., 2016, S. 24, vgl. ebd., S. 24).[11]

Denn „[…] selbstständiges Denken muss nicht gleich selbstständigem Denken sein […]" (Fohrmann, O. ebd., S. 25).

2.1.5 Funktionale Bildung als (universale) Problemlösestrategie

Die sukzessive Entstehung einer ‚unternehmerischen Universität' war und ist offenbar weder durch (mehr oder weniger lautstarke) Proteste der Studierenden noch durch Debatten hinsichtlich ihrer öffentlichen Rolle aufgehalten worden (vgl. Masschelein, J. und Simons, M., 2010, S.73).

Ganz im Gegenteil: Bildung im Sinne der Moderne als Übergang von der Natur zur Kultur weicht den Grundfesten des Unternehmertums, optimalen Nutzen aus gegenwärtig zur Verfügung stehenden Ressourcen zu ziehen. Marktwirtschaftliches Denken wird hier zur unbedingten Prämisse im Sinne vermeintlich öffentlich relevanter Angelegenheiten ernannt (vgl. ebd., S. 25).

[11] Fohrmann bezieht sich hier exemplarisch auf das Leitbild der Dualen Hochschule Baden-Württemberg. Dieses Leitbild wirbt unter anderem mit der (sinngemäßen) Aussage, dass Absolventen als selbständig denkende und verantwortlich handelnde Persönlichkeiten überzeugen.

Die im Zuge des Bologna-Prozesses im Jahre 2005 von der Europäischen Kommission mit Blick auf die formulierten Ziele von Lissabon veröffentlichte Mitteilung: „Das intellektuelle Potential Europas wecken: so können die Universitäten ihren vollen Beitrag zur Lissabonner Strategie leisten" (Kommission der Europäischen Gemeinschaften, KOM 2005) kann rückblickend als ein *Aufruf* an die Universitäten Europas verstanden werden mit dem Ziel, eine ‚Modernisierungsagenda' zu entwickeln, um Attraktivität und exzellenten Output zu sichern.

Darauf folgende Basis-Initiativen der europäischen Universitäten thematisierten die Selbstregulierung beispielsweise durch Konturierung und Ausschöpfung vorhandener Stärken und ‚institutioneller Differenzierung', jedoch auch durch eigenständiges Einwerben finanzieller Mittel (vgl. Masschelein, J. und Simons,M., 2010, S. 24 ff.).

Was hier zum Vorschein kommt, ist weniger ein Modernisierungsprozess, sondern gleicht einem Innovationswettbewerb.

Die sich selbst regulierende und steuernde Universität platziert sich im Ranking um Attraktivität, gemessen an den Zahlen der eingeschriebenen Studierenden, durch die Qualität ihres Lehrangebotes. Was in diesem Kontext als Qualität anerkannt ist, unterliegt dann jedoch marktwirtschaftlichen Bewertungs-Parametern. Dergestalt bezieht sich Innovation nicht auf die Modernisierung von Lehr- und Lernkonzepten, sondern auf die erfolgreiche Einwerbung finanzieller Drittmittel einerseits und die Bereitstellung passgenauen Outputs in Form *personifizierter Qualität* andererseits.

Die Organisationsstruktur von Universitäten gleicht somit der des Unternehmertums,

> „[...] sich selbst räumlich in einem Umfeld zu positionieren, sich dauerhaft am *Bedarf* auszurichten und dabei mit begrenzten Ressourcen auszukommen. Und angesichts dieses Bedarfs und dieser Ressourcen werden eine unternehmerische Haltung und Kreativität zu essentiellen Qualitäten" (Masschelein, J. und Simons, M. ebd., S.28).

Signifikant wirksam im Hinblick auf den exzellenten Output ist somit möglicherweise die Wahrnehmung der Interessenlage fördernder Geldgeber, was hinsichtlich des Gedankens an eine unbedingte Forschung im Sinne *echter* Erkenntnis zu hinterfragen wäre.

Jedoch tritt hier ein weiterer bedeutsamer Aspekt in den Vordergrund: Die Nutzung verfügbarer Ressourcen zur bedarfsorientierten und im unternehmerischen Sinne *gewinnbringenden* Warenproduktion lassen sich nicht auf rein mechanische Prozesse reduzieren. Vielmehr bedarf es einer „[...] spekulative[n; S.R.], kreative[n; S.R.] oder innovative[n; S.R.] Grundhaltung, die es erlaubt, in einem Wettbewerbsumfeld Möglichkeiten zu erkennen" (Masschelein, J. und Simons, M. ebd., S. 29).

Aus dem Modernisierungsanspruch an Universitäten ist demnach eher eine ‚Innovations- und Leistungsagenda' entstanden. Der Aufruf zur Mobilisierung sämtlicher zur Verfügung stehender Ressourcen bindet die eingeforderte Mobilisierung des ‚Humankapitals' uneingeschränkt ein (vgl. ebd., S. 29).

Die subtile Botschaft dieses Aufrufs ist die ‚dringliche Aufforderung' an alle Studierenden und Lehrenden, „[…] kreativ zu sein, sich selbst zu erneuern und die eigene Leistung zu erhöhen, […]" (Masschelein, J. und Simons, M. ebd., S. 29).

Was hier an Kontur gewinnt, ist nicht lediglich Ausdruck eines veränderten Selbstverständnisses von Universität, sondern ebenso eine Anpassung an die Gesetze des Marktes. Erkennbar wird diese Entwicklung in Deutschland unter anderem an der Einführung der Exzellenzstrategie von Bund und Ländern zur Förderung wissenschaftlicher Spitzenleistungen mit dem Ziel, den deutschen Wissenschaftsstandort im internationalen Wettbewerb nachhaltig zu stabilisieren.[12]

Der Rückzug der staatlichen Einflussnahme auf die Gestaltung institutionell organisierter Bildung zugunsten der Finanzierungslast privater statt ausschließlich öffentlicher Mittel kommt hier einer Unterlassung gleich, deren Auswirkungen ebenfalls einerseits in der willkürlichen Interpretation des Begriffs *Bildung* ihren Niederschlag findet.

Andererseits werden die an die Stelle politischer und administrativer Steuerungselemente gesetzten Prämissen des Unternehmertums und damit einhergehende Leistungsanforderungen an den Menschen als Subjekt zur Maßgabe der *Vermessung* des je eigenen Lebens.

---

12 Vgl. vertiefend hierzu Bundesministerium für Bildung und Forschung (Hrsg.): *Die Exzellenzstrategie.*
Unter: https://www.bmbf.de/die-exzellenzstrategie-3021.html.
Zuletzt geprüft am 30.08.2019.

Für jeden Menschen.

2.2 Zur Kontur und Gestalt des Menschenbildes innerhalb der europäischen Wissensgesellschaft

Die erkennbar werdende Figur des im vorangegangenen Punkt exemplarisch beschriebenen akademischen Leistungserbringers steht nach der bisherigen Argumentationsführung dieser Arbeit analog zu den Teilhabeanforderungen an jedes Mitglied der europäischen Wissensgesellschaft.

Erneuern, Leistung erbringen und stetig überprüfen, Innovationslücken finden und gewinnbringend nutzen werden zum Selbstzweck und zu den Maximen der eigenen Lebensgestaltung (vgl. Masschelein, J. und Simons, M., 2010, S. 30).

Der Verlauf des Lebens und dessen *Qualität* hängen somit nicht lediglich ab von der Fähigkeit, das eigene Leben zu *managen,* sondern unterliegen den Gesetzen organisierten Wettbewerbs. Bestmögliche Innovation sichert die bessere Performanz und wird zum Indikator eines gelungenen Lebens.

Doch was bildet den Bezugspunkt?

2.2.1 Scheitern als Schuld, oder: Die Zerstreuung der Wahrnehmung

Die fortwährende Mobilisierung sämtlicher gegenwärtig zur Verfügung stehenden Ressourcen durch stetige Überprüfung und Erneuerung lässt nicht nur auf einen Mangel an Erholungspausen schließen, sondern benötigt einen permanenten *Leistungsantrieb.*

Dieser Antrieb speist sich möglicherweise aus der Angst, einem Vergleich zu anderen nicht standzuhalten oder gar an der eigenen Lebensgestaltung zu scheitern. Dieses Scheitern käme einer Schuld gleich, da die Verantwortungslast beim Menschen, jedem Menschen, selber liegt.

Ist Angst in ihrer natürlichen Gestalt ein sinnvolles Warnsystem, kann sie in genanntem Zusammenhang jedoch für eine Veränderung der Aufmerksamkeitsstruktur stehen.

Bestmögliche Innovation und Performanz im aktuellen wertschöpfenden Sinne setzen stetige Aufnahme, Kanalisierung und Verarbeitung von Informationen und Impulsen voraus.

> „Dadurch wird die Wahrnehmung fragmentarisiert und zerstreut. Auch die wachsende Arbeitsbelastung macht eine besondere Zeit- und Aufmerksamkeitstechnik notwendig, die sich wiederum auf die Aufmerksamkeitsstruktur auswirkt" (Han, B.-C., 2010, S. 26).

Kontemplatives Eintauchen in den gegenwärtigen Augenblick, ein gegenwärtiges Gegenüber oder ein gegenwärtiges Anliegen wird beinahe unmöglich.

2.2.2 Androhung statt Erkenntnis

Dort, wo feinsinnig fokussierte Wahrnehmung einer breit angelegten Aufmerksamkeitsstruktur weicht, ist jedoch tiefgründige Erkenntnis ihrer notwendigen Grundlage beraubt.

> „Die kulturellen Leistungen der Menschheit, zu denen auch die Philosophie gehört, verdanken wir einer tiefen, kontemplativen Aufmerksamkeit. Die Kultur setzt eine Umwelt voraus, in der eine tiefe Aufmerksamkeit möglich ist. Diese tiefe Aufmerksamkeit wird zunehmend von einer ganz anderen Form der Aufmerksamkeit, der Hyperaufmerksamkeit (hyperattention), verdrängt“ (Klammerangabe im Original; S.R.) (Han, B.-C. ebd., S. 27 f.).

In Mangel an Erkenntnis können Wettbewerbsregeln als Androhungen wahrgenommen werden, und letztere als Gebote.

„Die Sorge um das gute Leben, zu dem auch das gelingende Zusammenleben gehört, weicht immer mehr der Sorge ums Überleben“ (Han, B.-C. ebd., S. 27).

Was hier in den Vordergrund rückt, ist eine Art ‚systemische Gewalt‘, wie Byung-Chul Han es bündig beschreibt. Das ständige Sich-Erneuern-Müssen, um Teilhabe und sozioökonomische Position innerhalb von Gesellschaft zu sichern, verursacht einen enormen Leistungsdruck.

Um diesen Erwartungen und Anforderungen standhalten zu können, bedarf es möglicherweise sozialer Beziehungen und Einbindungen, innerhalb derer der Mensch und sein individuelles Maß an Leistungskraft *bestätigt* und nicht *bemessen* werden.

2.2.3 Das Leistungssubjekt, oder: Die Vermessung des Menschen

Der Menschentyp, der in der neoliberalistischen *Wissensgesellschaft* an Kontur gewinnt, gleicht jedoch einem Subjekt, das nicht lediglich an seiner

Leistung *gemessen wird*, sondern sich selbst ständig an seiner Leistungsfähigkeit *misst*.

Den unter Kapitel 2.2 vermissten Bezugspunkt setzt das erscheinende ‚Leistungssubjekt' demnach möglicherweise nicht in das Erleben und Festigen sozialer Gemeinschaft und Beziehung, sondern im Gegenteil, in eine Auflösung des Sozialen zugunsten einer vermeintlich erstrebenswerten Leistungssteigerung.

> „Die Positivität des Könnens ist viel effizienter als die Negativität des Sollens. So schaltet das gesellschaftlich Unbewusste vom Sollen aufs Können um. Das Leistungssubjekt ist schneller und produktiver als das Gehorsamssubjekt" (Han, B.-C. ebd., S. 21).

Die sukzessive Deregulierung der staatlichen Einflussnahme ersetzt das Paradigma der Disziplinierung durch das Paradigma der Leistung und damit ein orientierungsgebendes *Sollen* durch ein vom Subjekt selbst zu verwaltendes *Können*:

> „Das Können macht das Sollen jedoch nicht rückgängig. [...] Das Können steigert das Produktivitätsniveau, das durch die Disziplinartechnik, den Imperativ des Sollens, erzielt worden ist" (Han, B.-C. ebd., S. 21).

Doch *fortwährende* Steigerung der Produktivität entbehrt der Möglichkeit sozialen Erlebens eines erfolgreich erreichten Zieles im Sinne von personaler Bestätigung.

An ihre Stelle tritt eine Kontrolle des Selbst, um die Steigerung der Eigenaktivität und des Eigenanteils des Subjektes zu gewährleisten, möglicherweise zum Preis des Verlustes selbst*bewusster* Bestimmung des Handelns.

Deutlich wird dies am Beispiel sich wandelnder Prozesse im Gesundheitswesen.

Die mehr oder weniger bewusste Bereitschaft des *Leistungssubjektes*, gesundheitsrelevante Daten abzurufen bzw. preiszugeben (beispielsweise über installierte Apps auf Smartphones und Fitnessarmbändern/-Uhren), verschafft verarbeitenden Unternehmen einerseits eine kommerziell effektiv nutzbare Quelle an Informationen. Andererseits gilt es, diese Bereitschaft vor dem Hintergrund von Kontrolle und Instrumentalisierung des Menschen wahrzunehmen.

Angebote individuell zugeschnittener Modelle der Lebensführung und Gesundheitsversorgung, errechnet aus den preisgegebenen Daten des Menschen, kommen als vermeintlich vorsorgende Gesundheitsberatung auf digitalen Pfaden zum *User* zurück. Geldwerte Bonussysteme und Bewerbungsstrategien der Krankenkassen unterstützen möglicherweise eine unbedarfte Orientierung im Sinne jener Modelle. Der ökonomische Effekt der vermeintlichen Zeit-, Geld-[13] und Anstrengungsersparnis, verbunden mit der Idee, durch Zuführung von Daten an wissenschaftlich wertvollen Erkenntnissen teilzuhaben, lässt Bedenken bezüglich der individuellen Selbstbestimmung möglicherweise in den Hintergrund geraten (vgl. Woopen, Christiane, 2015, S. 1 ff.).

---

[13] Beispielsweise kann die Einführung von Bonussystemen der Krankenkassen hier wirksam sein, um externe Kontrolle zu legitimieren und Selbstkontrolle zu steigern.

Hinzu kommt eine mögliche Verschiebung der normativen Größe: Fitness, *nicht* Gesundheit könnte hier den Bezugspunkt bilden.

Diese unter dem Begriff *Lifelogging* gefasste digitale Selbstvermessung gilt es jedoch, im Hinblick auf Bildung nicht lediglich bezüglich der Selbstbestimmung, sondern ebenfalls der *Verortung des Selbst* und somit vor dem Hintergrund eines veränderten Lebens- oder *Lebendigkeits*begriffs zu reflektieren (Selke, S., 2016, S.1).

> „Getrieben von den technischen Möglichkeiten und dem Aufstieg der Biowissenschaften profiliert sich ein Verständnis des Lebens, dass nicht mehr nach der ihm eigentümlichen und innewohnenden Form, sondern nach seiner Formbarkeit fragt. Damit aber verwischt der Unterschied zwischen dem Lebendigen und der Technologie zunehmend, so dass uns Leben und Natur heute immer mehr als verfügbar gelten" (Gertenbach, L. und Mönkeberg, S. in Selke, S., (Hrsg.), 2016, S. 32).

Was hier deutlich wird, ist möglicherweise die Etablierung einer gesellschaftlichen Steuerungslogik und damit konsequenterweise eine die *Geisteswissenschaften* herausfordernde Dimension eines sich verändernden Lebensbegriffs.

Wenn Selbstvergewisserung gebunden sein wird an das Bestreben moderner Gesellschaften, mehr und mehr Daten über sich und das Leben zu erheben, könnten statt Sozialität und Weltbezogenheit *Selbstoptimierung* und *Verfügbarkeit* zum Referenzpunkt gedeihen.

2.2.4 Zur Sozialität sozialer Maschinen und der Selbstbestimmung des Menschen

Selbstoptimierung auf Basis erhobener Daten impliziert nicht lediglich *die Möglichkeit* einer Berechenbarkeit und Formbarkeit dessen, was als *menschlichen Seins und Handelns* gilt, sondern ist ebenfalls im Hinblick auf menschliche Interpretationsleistungen bezüglich der Sozialität von Robotern relevant. Im Bestreben, handlungsleitendes menschliches Wissen zu formalisieren, bedarf es laut Bischof einer Übersetzungsleistung Forschender hinsichtlich psychologischer Theorien in Softwareprogramme (vgl. Bischof, A., 2017, S. 30).

Der Operationalisierung und Modellierung sozialer Roboter liegen somit immer auch Interpretationen von Sozialität zugrunde (vgl. ebd., S. 30).

Die Öffnung des Feldes der Sozialrobotik aus den wissenschaftlichen Laboren in menschliche Alltagsumgebungen fordert deshalb gerade die Sozialwissenschaften zu einer forschenden Auseinandersetzung heraus.

Kern dieser Auseinandersetzung sollte die Untersuchung von Lebenswirklichkeit konstruierender Effekte im Verhältnis zu Entwicklung und Erforschung sozialer Robotik sein (vgl. ebd., S. 13 ff.).

Analog dazu gilt es, sich praxeologischen Überlegungen tiefgründiger zu widmen. Lässt sich menschliches handlungsleitendes Körperwissen, welches durch berechenbare Formbarkeit unter Kontrolle gebracht werden kann, noch auf *irgendeinen* Begriff von *Selbstbewusstsein* zurückführen?

2.2.5 Hybride Organismen, oder: Die Schnittstelle von Physis, Psyche und Technologie

Aktuell befindet sich das Verhältnis von Mensch und Technologie neben dem Feld der Entwicklung sozialer Maschinen zur Entlastung des menschlichen Alltags in einem Übergangs-Stadium, das auf verschiedenen Stufen von *Interaktion* zu Konvergenz wechselt (vgl. Benedikter, R., 2017, S. 2).

Klingt es aus philosophischer Perspektive semantisch (noch) unkorrekt, bezüglich aktiver Begegnungs-Prozesse zwischen Mensch und Maschine von Interaktion zu sprechen, ist realiter bereits das Zusammenwachsen von Mensch und Technologie ein gesellschaftliches Thema.

So arbeiten zum Beispiel im medizinischen Bereich weltweit Forscher an der Entwicklung *intelligenter* künstlicher Prothesen sowie an körperergänzender Technik, um Funktionen herzustellen, die vorher entsprechenden Körpern *verwehrt* waren. Es gibt beispielsweise das Gehirn beeinflussende elektronische Geräte, die an Depressionen Erkrankten helfen sollen, mit ihrer ‚Störung' umzugehen, oder die Krampfanfälle von Epilepsie-Patienten verhindern sollen (vgl. Krämer, Tanja, 2015, S. 40 ff. und Stieglitz, Thomas, 2015 S. 6).

Der Wandel vom Menschen, der eine (intelligente) Maschine nutzt, zum hybriden Organismus durch Verschmelzung von Mensch und *Maschinenintelligenz* wirft jedoch, im Kontext dieser Arbeit, eine bedeutsame Frage auf:

> „Was aber geschieht dann mit der zwischen Körper und Geist vermittelnden dritten Dimension des Menschseins, also mit dem, was die klassischen anthropologischen Traditionen *Seele* nannten" (Benedikter, R., 2017, S. 2)?

Können wir diese Dimension zugunsten technologisch erreichbarer körperlicher Leistungssteigerung ignorierend vernachlässigen?

Und von welcher Qualität im geisteswissenschaftlichen Sinne zeugt dies: Fortschrittlichkeit oder bedingt auch Regress?

Wenn Menschen die beispielsweise aufgrund genetischer Bedingungen oder infolge einer Erkrankung an einen Rollstuhl gebunden sind, mit Hilfe von Orthesen in Form von (programmierten) Exoskeletten werden laufen können, ist es dann *in jedem Fall* fortschrittliche medizinische Errungenschaft oder offenbart es ebenso eine Tendenz zur Unfähigkeit einer unbedingten Anerkennung von Diversität (vgl. Schick, R., 2018, S.8)?

In Wahrnehmung der ambivalenten Zuwendungsmöglichkeit sowie der Erfahrung, dass Entwicklungen und Erfindungen zur ‚Behebung von Einschränkungen' im medizinischen Bereich mehrfach als unternehmerisch gewinnbringend erkannt und entsprechend an die (vermeintlich vorhandenen) Bedürfnisse dergestalt *gesunder* Menschen angeglichen wurden, gilt es einerseits zu reflektieren, ob Abhängigkeitsverhältnisse (zum Beispiel zwischen Herstellern und von Einschränkungen betroffener Menschen) bewusst geschaffen oder doch zumindest bedenkenlos in Kauf genommen werden und darüber hinaus ethisch-moralische Bedenken und Fragen zugunsten einer transhumanistischen Ideologie vernachlässigt werden (vgl. Benedikter, R., 2017, S. 3).

Es geht um den Zugang zu und die Vermarktung von technologischen Errungenschaften als Anlass einer begleitenden ethischen Reflexion auf wissenschaftlicher Ebene. Die technologische Möglichkeit gleicht einem Neutrum. Der Maschine ist es ohne menschliches Zutun gleichgültig, ob sie zur Heilung oder Verbesserung von etwas beiträgt oder zur Beschädigung. Sie erledigt bei ausreichend gesicherter Funktionalität im besten Falle, wozu sie programmiert wurde. Die Verantwortung, sowohl für einen bedürfnisorientierten Zugang als auch für die *Folgen* des Einsatzes bereitstehender Technologien, liegt in der Bereitschaft entsprechender Anerkennung dieser durch den (entwickelnden, programmierenden oder das Produkt vermarktenden) Menschen.

Was in diesem Kontext fehlt, ist möglicherweise eine, über den Sinn der neuhumanistischen Idee von Bildung hinaus gehende, (wissenschaftliche) Begründung für permanente Leistungssteigerung im Prozess der Schaffung des Selbst und eine Reflexion auf die Begriffe *Würde* und *Demut* (bezüglich der Anerkennung von Verfehlungen und Unvollkommenheiten des Menschen).

3 Bildung als Spiegel gesellschaftlicher Zustände

Angesichts der derzeitigen Möglichkeiten und damit verbundenen Notwendigkeit entsprechender geistiger Auseinandersetzung durch den und mit dem (aufgrund temporärer und dynamischer Prozesshaftigkeit kaum derart zu benennenden) *Stand* technologischer Entwicklung erscheinen gesellschaftliche Zustände beinahe unwirklich.

Statt progressiver, durch Bildung und Erziehung gesicherter, subjektbildender Entwicklungen bezüglich Mündigkeit und Emanzipation scheinen regressive Prozesse das aktuelle Bild von Gesellschaft zu prägen.

Möglicherweise bestätigt sich hier das durch den Naturwissenschaftler Ugo Bardi erkannte und unter dem Begriff ‚Seneca-Effekt' gefasste Phänomen, welches beschreibt, dass Systeme jeglicher Art typischerweise einen Zuwachs an Komplexität aufweisen. Dieser Zuwachs gerate gemäß Bardis Erkenntnis jedoch notwendigerweise an einen Umschlagspunkt, wenn kein Gleichgewichtsvermögen wirksam einsetze (vgl. Benedikter, R. mit Bezug auf Bardi, U., 2017, S. 10).

Doch welcher Natur müsste dieses Gleichgewicht in Bezug auf gesellschaftliche Zustände sein? Und müsste es in seiner Beschaffenheit der Komplexität des auszugleichenden Systems entsprechen?

Diese Wahrnehmungen und Fragen lassen bezüglich gesellschaftlicher Zustände aus pädagogischer Perspektive unweigerlich auf das Forschungsprogramm ‚kritische Erziehungswissenschaft'[14] rekurrieren.

Die These der sich gegen Ende der 1960er-Jahre herausbildenden ‚kritischen Erziehungswissenschaft' formuliert eine Bedürftigkeit der Veränderung gesellschaftlicher Zustände besonders im Hinblick auf Bildungs- und Erziehungsprozesse:

> „Sollte Pädagogik nicht bloß auf eine Reproduktion und Repetition der gegenwärtigen gesellschaftlichen Bedingungen angelegt sein, sollte sie nicht einfach in der Gegebenheit des Faktischen aufgehen, so kam ihr theoretisch und praktisch die Aufgabe zu, die Möglichkeiten gesellschaftlicher Veränderungen zu erhellen bzw. zu eröffnen" (Thompson, C., 2004, S. 41).

Vor diesem Hintergrund lassen sich die in den folgenden Unterkapiteln exemplarisch beschriebenen gesellschaftlichen Zustände als ein dringlicher Aufruf an Pädagogik als Wissenschaft und Praxis verstehen.

3.1 Regression statt Progression, oder: Zur Fragilität gesichert geglaubter gesellschaftlicher *Standards der Zivilisiertheit*

Bereits im Vorwort seines 2017 herausgegebenen Bandes „Die große Regression" weist Heinrich Geiselberger rückblickend auf eine Aussage des deutsch-britischen Soziologen, Politikers und Publizisten Ralf Dahrendorf hin. Dieser mahnte vor seinem Tod im Juni 2009 mit

---

[14] Herausragende Vertreter der kritischen Erziehungswissenschaft waren Klaus Mollenhauer und Herwig Blankertz.

Bezug auf das 21. Jahrhundert vor einem möglichen ‚Jahrhundert des Autoritarismus' (vgl. Geiselberger, H., 2017, S. 9).[15]
Einklang fand Dahrendorf mit dieser Einschätzung in den Problematisierungen in Richard Rortys Buch mit dem Titel „Stolz auf unser Land" (vgl. ebd., S. 9).

Letzteres thematisiert Auswirkungen der Globalisierung und problematisiert mögliche Rückschritte wie beispielsweise eine Zunahme sozialer und ökonomischer Ungleichheit, ein ‚Aufbegehren Abgehängter' sowie ein wiederbelebtes (oder nie wahrhaft überwundenes?) Aufkommen abwertender Bemerkungen gegenüber Geschlechtern oder Minderheiten (vgl. ebd., S. 9 f.).

Dahrendorf und Rorty zeichnen hier ein Bild einer Gesellschaft, die möglicherweise im Glauben an vorhandene Standards und Strukturen des Zusammenlebens verharrte, obwohl diese vermutlich nie als gesicherte Komponenten anerkannt sein konnten.

Doch wie ist diese Erscheinung im Bildungskontext zu reflektieren?

Können bildungsbegrifflich ökonomische Tendenzen wie beispielsweise eine aktuelle *Verwertbarkeit* von Wissen der Handhabung gegenwärtiger

[15] Heinrich Geiselberger wurde 1977 in Waiblingen geboren und arbeitet seit 2006 als Lektor im Suhrkamp-Verlag. In seinem Band „Die große Regression" veröffentlichen (laut Verlagsbeschreibung) international anerkannte Forscher und Intellektuelle ihre Auseinandersetzungen mit den möglichen Ursachen dieser (großen Regression). Im Zusammenhang mit der Fragestellung dieser Arbeit ist die Quelle in sofern interessant, als sie aktuelle Zustandsbeschreibungen von Gesellschaft und mögliche Ursachen dafür thematisiert.

gesellschaftlicher Herausforderungen tatsächlich gerecht werden oder bedarf es darüber hinaus der Umsetzung des Erlernten und *Erfahrenen* durch reflexive Denkprozesse in selbst- und verantwortungsbewusstes Handeln?

Diese Frage gilt es nicht lediglich aus der pädagogischen Perspektive zu reflektieren, sondern ebenso auf politischer Ebene; es gilt zu bedenken, *wem* die Stabilität oder auch Fragilität gesellschaftlicher Zustände *wie* nutzt und wem möglicherweise schadet.

Sind Errungenschaften hinsichtlich von Zivilisiertheit überhaupt in *Standards* (ein eher ökonomisch angelegter Begriff) zu übersetzten oder gilt es nicht vielmehr, moralisch-ethische Grundlagen gesellschaftlichen Lebens immer wieder durch *selbstbewusste* Teilhabe zu erneuern?

Alle von Dahrendorf und Rorty angesprochenen Themen sind in gegenwärtigen gesellschaftlichen wie politischen Kontexten hochaktuell.

Ein weiterer Hinweis auf frühzeitige Wahrnehmung mag jedoch in der Anerkennung seinerzeit[16] heraufbeschworener Globalisierungsrisiken wie beispielsweise einer Finanz- bzw. Währungskrise oder auch Migrations-Herausforderungen bestehen, denen ein kosmopolitisches Wir-Gefühl versagt bleibe.

Worauf Geiselberger hier entlang der Rezeption von Dahrendorf und Rorty aufmerksam macht, kommt einem Zurücktreten hinter möglicherweise bereits sicher geglaubten *Standards* gesellschaftlicher Zivilisiertheit

---

16 Das Buch erschien in Deutschland im Jahre 1999.

gleich. Die offenbar nicht vorhandene Fähigkeit, den aktuellen globalen Herausforderungen mit angemessenen Strategien zu begegnen, wird nicht lediglich am gesellschaftlichen Erscheinungsbild erkennbar, sondern lässt PolitikerInnen scheinbar weltweit auf ein Prinzip von Recht und Ordnung zurückgreifen, indem sie den Schwerpunkt ihres politischen Handelns auf die Dimension nationaler Zugehörigkeit heben (vgl. ebd., S. 8).

Entgegen der eigentlichen Idee, politisch auf transnationaler Ebene in demokratischer Haltung ‚globale Lösungen für globale Probleme' zu finden, um beispielsweise den Anforderungen der Wiedereinfassung einer (infolge eines nationalstaatliche Grenzen überwindenden Kapitalismus) ungebändigten Ökonomie gewachsen zu sein, verbuchten globalisierungskritische Populisten auf der rechten Seite erste Erfolge (vgl. ebd., S. 11).

Ebenso konnte sich die erwartete Entstehung einer veränderten Geisteshaltung als Grundlage eines stabilen Wir-Gefühls offenbar nicht etablieren.

„Vielmehr erleben wir heute eine Renaissance ethnischer, nationaler und konfessioneller Wir/Sie-Unterscheidungen" (vgl. ebd., S. 11).

3.2 Depression(en) und Immunität(en)

Neben der Tendenz einer rückschrittlichen Entwicklung bereits sicher geglaubter *zivilisierter Standards* in Zeiten neoliberalistischer Gesellschaften macht ein weiteres Phänomen unübersehbar auf sich aufmerksam.

Die deutliche Zunahme diagnostisch erfasster [17] neurologischer Erkrankungen lässt sich durchaus plausibel auf einen Erschöpfungszustand des unter 2.2.3 beschriebenen, als Menschenbild erscheinenden, ‚Leistungssubjektes' zurückführen.

> „Depression, Aufmerksamkeitsdefizit-Hyperaktivitätssyndrom (ADHS), Borderline-Persönlichkeitsstörung (BPS) oder Burnout-Syndrom (BS) bestimmen die pathologische Landschaft des 21. Jahrhunderts" (Klammerangaben im Original; S.R.) (Han, B.-C., 2010, S. 7).

Unterstützt wird diese These Byung Chul Hans durch Alain Ehrenberg, dessen Studie „Das erschöpfte Selbst" ebenfalls eine gesellschaftstheoretische Erklärung der Depression als Erkrankung zugrunde liegt.

> „Zu den Evangelien der persönlichen Entfaltung kommen die Forderungen nach persönlicher Initiative. Die Frage nach der *Identität* und nach dem *Handeln* hängen auf folgende Weise zusammen: In normativer Hinsicht ergänzt die persönliche Initiative die psychische Befreiung; in pathologischer Hinsicht verbindet sich die Schwierigkeit, eine Handlung zu beginnen, mit der Unsicherheit der Identität. Der Rückgang der Regulierung durch die Disziplin macht den individuellen Akteur zum Verantwortlichen für sein Handeln. Gleichzeitig geht das psychiatrische Denken immer mehr davon aus, dass die grundlegende Störung psychomotorisch ist: Das fehlerhafte Handeln entthront das gestörte Gemüt. Einen Fehler in Hinsicht auf die Norm zu machen, besteht nun weniger

[17] Vgl. belegend und vertiefend hierzu Grobe, Thomas G.; Steinmann, Susanne; Szecsenyi, Joachim: *Barmer-Arztreport 2018. Band 7.* Unter: https://www.barmer.de/blob/144368/08f7b513fdb6f06703c6e9765ee9375f/data/dl-barmer-arztreport-2018.pdf. Zuletzt geprüft am 28.09.2019.

> darin, ungehorsam als vielmehr unfähig zum Handeln zu sein. Darin liegt eine andere Auffassung von Identität"(Ehrenberg, A., 2008, S. 197).

Der Philosoph Byung-Chul Han beschreibt diese neuronalen Erkrankungen als Infarkte,

> „[...] die nicht durch die *Negativität* des immunologisch Anderen, sondern durch ein Übermaß an *Positivität* bedingt sind. So entziehen sie sich jeder immunologischen Technik, die darauf angelegt ist, die Negativität des Fremden abzuwehren" (Han, B.-C., 2010, S. 7).

Was Han hier beschreibt, ist das Nichtvorhandensein einer adäquaten Abwehrmöglichkeit, da sich die neuronale Erkrankung nicht als das immunologisch Andere, Fremde zeigt und somit eine Immunreaktion auslösen würde, sondern als eine Differenz des immunologisch Gleichen.

> „Die neuronale Gewalt geht nicht von einer systemfremden Negativität aus. Sie ist vielmehr eine *systemische*, d.h. dem System immanente Gewalt" (Han, B.-C. ebd., 2010, S. 17 f.).

In einer Zeit, die von einem Übermaß an Kommunikation, Produktion und Leistung gekennzeichnet ist, entlädt sich die Wirkung als eine Art neuronale Abwehr, die Han als ‚digestiv-neuronale Abreaktion und Ablehnung' beschreibt.

„Erschöpfung, Ermüdung und Erstickung angesichts des *Zuviel* [...] sind alle Erscheinungen einer neuronalen Gewalt, [...]" (Han, B.-C. ebd., S. 14).

Bezogen auf das angestrebte Erfassen aktueller gesellschaftlicher Zustände bietet Han hier nicht lediglich eine plausible Erklärung in pathologischer Hinsicht. Seine Erkenntnisse sind durchaus ebenso auf die unter Punkt 3.1

beschriebenen regressiven Tendenzen sowohl bezüglich politischer als auch gesellschaftlicher Reaktionen anwendbar.

Die Rückbesinnung auf eine Dimension nationaler Zugehörigkeit haftet möglicherweise noch dem immunologischen Schema von Angriff und Abwehr an.

> „Der Gegenstand der Immunabwehr ist die Fremdheit als solche. Selbst wenn der Fremde keine feindliche Absicht hat, selbst wenn von ihm keine Gefahr ausgeht, wird er aufgrund seiner *Andersheit* eliminiert" (Han, B.-C. ebd., S 8).

Vielleicht gibt sich in dieser Form von Reaktion ein Aufbäumen zu erkennen, das eine Alternative (oder Vorstufe?) zur depressiven Erkrankung darstellt, denn die Anerkennung der Depression als Folge des subjektiv als nicht erfüllt wahrgenommenen eigenen Leistungsanspruchs käme einem Eingeständnis mangelnder Souveränität und Widerstandsfähigkeit trotz vermeintlich nicht vorhandener Fremdbestimmung des Subjektes gleich. Das in seiner Vorstellung frei von äußerer Herrschaftsinstanz agierende ‚Leistungssubjekt' beutet sich selber aus, freiwillig und ohne Fremdzwänge, bis es nicht mehr können kann, ist quasi Täter und Opfer zugleich (vgl. ebd., S. 23 f.).

Dieser Zustand von ‚Schaffens- und Könnensmüdigkeit' führt laut Han

> „[…] zu einem destruktiven Selbstvorwurf und zur Autoaggression. Das Leistungssubjekt befindet sich mit sich selbst im Krieg. […] Die Depression ist die Erkrankung einer Gesellschaft, die an einem Übermaß an Positivität leidet" (Han, B.-C. ebd., S. 24).

Die Angst vor dem Scheitern wird möglicherweise zur subtilen Herrschaft. Das Subjekt bemerkt seine Freiheiten nicht mehr.

Freiheit meint hier die Definition des Begriffs in der Dialogik; nicht das Gegenteil von Unter-Zwang-Sein, sondern Verbundenheit als Gegenteil von Zwang (vgl. Muth, C., 2011, S. 69).

Stattdessen ist eher eine allgemeine Abstumpfung gegenüber globaler Risiken zu erkennen, die sich nicht lediglich im Leistungsanspruch an die Subjekte erschöpfen, sondern um Gefahren erweitern, zu denen ökologische Katastrophen ebenso zählen wie die stete Möglichkeit eines Atomkriegs (vgl. ebd., S. 10).

3.3 *Demokratiezufriedenheit* als Maßstab gesellschaftlicher Zustände

Die Effizienz, die sich aus dem *Können* des Leistungssubjektes ergibt, könnte von diesem auch anders genutzt werden. Es könnte sich in Distanz zu sich selbst fragen, ob angenommene Werte, Systeme oder auch Bedürfnisse dem entsprechen, was es als lebensnotwendig empfindet, und ob der Bildungsweg der gewollt Eigene sei. Doch setzt diese Erkenntnis einen Bewusstwerdungsprozess voraus, den die fragmentarisierte, verschobene Wahrnehmung möglicherweise verhindert.

Die Ansprüche an jedes Mitglied einer ‚Leistungsgesellschaft' fordern den Menschen heraus, sich als eine Art ‚Leistungsmaschine' zu entwickeln, die störungsfrei und leistungsmaximierend funktioniert. Als Folge dieser

Entwicklung wird das komplexe Phänomen der Lebendigkeit als solche auf Vitalfunktion und Vitalleistung reduziert (vgl. Han, B.-C., 2010, S. 56 f.).

> „Als ihre Kehrseite bringt die Leistungs- und Aktivgesellschaft eine exzessive Müdigkeit und Erschöpfung hervor. [...] Der Exzess der Leistungssteigerung führt zum Infarkt der Seele" (Han, B.-C., 2010, S. 57).

Han beschreibt diese Müdigkeit als eine ‚Alleinmüdigkeit', die Vereinzelung und Isolation des Menschen bewirkt. Durch Verabsolutierung des Aktivseins verschwinden ‚Daseins- und Mitseinsformen' und somit das Zwischen als ein Raum, der von heilender ausgeglichener Freundlichkeit durchwirkt ist (vgl. ebd., S. 58).[18]

Vielleicht erklärt sich durch das nicht mehr ausreichend vorhandene oder als solches wahrgenommene *Zwischen* eine weitere Tendenz aktueller politisch und gesellschaftlich relevanter Umbrüche.

Die womöglich von Teilen der gesellschaftlichen Mitglieder als nicht eingelöst wahrgenommenen Versprechen der genannten Bildungsinitiativen, auch und gerade im Globalisierungskontext, und die Lage der Verantwortung dafür beim Subjekt selbst fordern besonders vor dem Hintergrund sozialer und ökonomischer Ungleichheit eine genauere Betrachtung.

---

[18] Han bezieht sich hier auf Handke's Begriff einer ‚entzweienden Müdigkeit' (Handke, P., 1992, Versuch über die Müdigkeit). Möglicherweise bildet dies ein Äquivalent zu Bubers „Krise des Zwischen", auf welche in einem späteren Kapitel dieser Arbeit Bezug genommen wird.

> „Die Probleme, die sich aufgrund mangelnder politischer Steuerung der globalen Interdependenz ergeben, treffen auf Gesellschaften, die darauf institutionell und kulturell nicht vorbereitet sind“ (Geiselberger, H., 2017, S. 13).

Die Deregulierung des Arbeitsmarktes sowie die zunehmende Individualisierung von Erwerbsrisiken führen möglicherweise zu einer Destabilisierung gesichert geglaubter sozialer Positionen, die vor dem Hintergrund demokratischen Interessenausgleichs diskutiert werden können. Dennoch zeigt sich im Fazit der Studie von Hendrik Lange mit dem Titel „Determinanten zur Demokratiezufriedenheit“, dass es weniger ökonomische und politische Krisen sind, die als demokratiegefährdend eingestuft werden können.

> „Vielmehr scheinen diffuse Ängste und Krisen und (im Fall von Dänemark und Norwegen mitunter auch Terrorismus und das Gefühl von Überfremdung) auszureichen, um antidemokratischen Kräften [...] Auftrieb zu verleihen“ (Klammerangabe im Original; S.R.) (Lange, H., 2018, S. 178).

Wenn allerdings *Demokratiezufriedenheit* zu einem Maßstab gesellschaftlicher bzw. gesellschaftspolitischer Zustände wird, geht es um die Frage, *wie* demokratische Werte *erfahren* und *gelebt* werden.

> „[...] in der Demokratie geht es nicht so sehr um Konsens als vielmehr um Konflikt. Und es geht nicht einmal darum, Konflikte zu lösen, sondern darum, mit ihnen leben zu lernen. Demokratie ist der Versuch, Konflikte zu bewältigen, bevor sie in Gewalt münden“ (Van Reybrouck, D., 2017, S. 288).

Worauf Van Reybrouck[19] hier hinweist, ist möglicherweise eine Erklärung für partikuläre Schwerfälligkeiten und Hinderungsmächte im Kontext von Globalisierungsprozessen ebenso wie in der aktiven Gestaltung von Demokratie überhaupt.

Individualisierungsprozesse sollten nicht dazu führen, subjektiv eigene innerliche Konflikte zu unterdrücken oder zu kompensieren, nicht als BürgerIn, nicht als PolitikerIn einer sich im permanenten Umbruch befindlichen risikobehafteten Gesellschaft.

Vielmehr sollte die Bestätigung des Selbst durch unbedingte Anerkennung des Fremden Kern der Gestaltung demokratischer Prozesse auch und gerade im Sinne globaler Verantwortung sein.

Es geht also auch um die *Befähigung* des Subjektes, Demokratie sowohl zu erleben als auch zu *leben* und damit um eine gesellschaftspolitische Aufgabe bzw. Herausforderung verantwortungsbewusster Pädagogik.

3.4 Globale Verantwortung als Ziel von Bildung

Das Fortschreiten von Globalisierungsprozessen und damit verbundener Risiken kann als nicht reversibel angesehen werden, ganz gleich ob auf der gesellschaftlichen, kulturellen, wissenschaftlichen, ökonomischen, technisch-technologischen oder politischen Ebene.

---

19 Van Reybrouck wurde 1971 in Brügge geboren, ist Schriftsteller, Dramatiker, Journalist, Archäologe und Historiker sowie der Begründer der Initiative G 1000, die sich in Belgien, den Niederlanden und Spanien für demokratische Innovationen einsetzt (vgl. Geiselberger, 2017, S. 318).

Die Gestaltung und Bewältigung dieser durch partizipierende sich selbst *bewusster* und *anerkennender* Subjekte kommt jedoch möglicherweise hinsichtlich der Konzipierung und Bewertung von Bildungsinhalten und -prozessen einer Verantwortung gleich, die das Jetzt und die Zukunft betreffend *entscheidend* wirksam wird (vgl. Röben, S., 2015, S. 136).

Es geht um nichts weniger als um die Freiheit einer bewussten aktiven Beteiligung (vgl. ebd., S. 136).

> „In westlichen Gesellschaften sind Subjekte durch die Prinzipien einer modernen Gesellschaft wie Schnelligkeit, Diskontinuitäten und Instabilität, herausgefordert. Über diese Anforderungen können Subjekte nicht entscheiden, sondern müssen sich ihnen existentiell anpassen. Ein besonderes Problem dabei ist der Erhalt der humanen Lebensgrundlagen und damit die Bewahrung der eigenen Identität und Lebenswirklichkeit" (Muth, C., 2011, S. 9).

Mit Bezug auf den eingangs dieses Kapitels genannten Seneca-Effektes geraten die Komplexität sowie die subjektiven Strategien zur Bewältigung systemimmanenter Umbrüche und Anforderungen noch einmal in den Fokus eines notwendigen Ausgleichs.

Giddens unterscheidet hier zwischen vier Arten möglicher Anpassungsreaktionen des Menschen, von denen er die erste als eine Form ‚pragmatischer Hinnahme' bezeichnet. Sie beschreibt eine Art pragmatischer Beteiligung an der Außenwelt, der die Überzeugung vorausgeht, dass alles Geschehen von niemandem mehr kontrolliert werden kann und somit zeitweiliger Nutzen zum strategischen Ziel des Handelns mutiert (vgl. Giddens, A., 2017, S. 168 f.).

Eine zweite Reaktion beschreibt Giddens als ‚durchgehaltenen Optimismus'. Damit ist eine Haltung gemeint, die sich durch das ‚Beibehalten von Aufklärungseinstellungen' vollzieht, etwa durch den Glauben an das Vorhandensein einer vorsehungsähnlichen Vernunft (vgl. ebd., S. 169 f.).

> „Es ist auch die Haltung jener, die die ökologischen „Weltuntergangsszenarien" kritisieren und statt dessen für die Anschauung eintreten, hinsichtlich der wichtigsten globalen Probleme ließen sich soziale und technische Lösungen finden" (Giddens, A. ebd., S. 170).

Den beschriebenen Haltungen entgegen setzt er als dritte Anpassungsreaktion den zynischen Pessimismus. Dieser Haltung geht eine Auseinandersetzung mit Ängsten voraus, die durch drohende Gefahren ausgelöst werden:

> „Der Zynismus ist eine Haltung, die mit Hilfe einer humorvollen oder einer abgeklärten Reaktion auf die Ängste dazu beitragen kann, deren emotionale Wirkung abzuschwächen" (Giddens, A. ebd., S. 170).

Der Pessimismus im Kontext dieser Haltung steht für Giddens analog zur Sehnsucht nach sich ausdünnenden Lebensformen oder einer negativen Einstellung gegenüber zukünftiger Ereignisse und führt im extremsten Fall zu ‚lähmender Niedergeschlagenheit' (vgl. ebd., S. 171).

Als vierte Reaktionsweise benennt er eine Haltung, die sich durch radikales Engagement auszeichnet. Gemeint ist eine von Optimismus getragene Einstellung, die sich durch ‚praktischen kämpferischen Einsatz' gegenüber wahrgenommener Gefahren zeigt. „Ihr primäres Ausdrucksmittel ist die soziale Bewegung" (Giddens, A. ebd., S. 171 und vgl. ebd., S. 171).

Allen Haltungen gemeinsam ist, dass die subjektive Handlungsfähigkeit entweder durch Abgestumpftheit oder durch Angst bzw. Abwehr bestimmt wird.

Möglicherweise entpuppt sich die Etablierung benannter Haltungen als ein Beleg dafür, dass das erklärte Ziel der Annahme und Vermittlung globaler Verantwortung sowohl im Kontext internationaler Weiterbildung als auch von interkultureller Bildung[20] nicht über Bildungspläne- und Ziele *standardisierbar* ist. Als Alternative zur reinen Anpassungsreaktion gilt es einen Zustand ontologischer Sicherheit zu erzielen. Dieser Zustand ist innerhalb der Vision einer ökonomisch ausgerichteten Bildung durch reine Akkumulation anwendbaren Wissens und den Erwerb damit verbundener Kompetenzen kaum zu erwirken (vgl. Kühn, R. M., 2012, S. 44).

Doch wie könnten Zugänge im Bildungskontext beschaffen sein, die den Menschen dazu befähigen, den gestellten Anforderungen komplexer Systeme etwas *ent*gegnen zu *können*, ohne die Besinnung auf demokratische und naturerhaltende Grundlagen zu gefährden?

Ein Zugang kann die Anerkennung der zwischenmenschlichen Beziehung als ein *Bildungsraum* sein, der Subjekte dabei unterstützt, Vertrauen in ihre Lebenspraxis zu finden.

---

[20] Vgl. vertiefend und belegend hierzu Hummrich, Merle: *Studie*: *Globale Verantwortung, Internationalisierung und Interkulturalität in der Schule (Globis).* Unter: https://www.bosch-stiftung.de/de/projekt/studie-globale-verantwortung-internationalisierung-und-interkulturalitaet-der-schule-globis. Zuletzt geprüft am 08.06.2019.

4 Zwischenmenschliche Beziehungen als Bildungs- und Entwicklungsraum

In den vorangegangenen Kapiteln dieser Arbeit wurden entlang von bildungs- und gesellschaftspolitischen Reformbewegungen, deren politische Begründungen ökonomische Tendenzen aufzeigen, an den Menschen gestellte Anforderungen zur Bewältigung von Transformationsprozessen und Entgrenzungen skizziert. Mit dem Aufbau des europäischen *Bildungsraumes* (der sogenannten Wissensgesellschaft), seit der Bologna-Reform, ging die Konstruktion eines Menschenbildes einher, das in der Figur des beschriebenen Leistungssubjektes[21] erscheint. Durch seine unternehmerische Haltung unterstützt das Leistungssubjekt die Anerkennung eigenverantwortlicher Aktivität zum Erwerb von Kompetenzen als Ziel von Bildung und somit die Aufnahme von Wissen als Bildung von Kapital. Das eigene Leben gerät zum selbstverwalteten Projekt, begleitet von reflexiver Auswertung persönlich erwirtschafteter Erträge, stetiger Leistungsüberprüfung und gegebenenfalls eigenmotivierter Korrektur. In diesem Sinne gilt es, andere Menschen als Kooperationspartner wahrzunehmen (vgl. Röben, S., 2015, S. 111).

> „Der Einfluss dieser Haltung auf das Zusammenleben ist prägend für das sich abzeichnende Menschenbild. Der Mensch bewertet sich und wird bewertet nach seiner Zuträglichkeit zum Erfolg des eigenen Unternehmens. Erwartungen und Verpflichtungen bilden den Maßstab von Beziehungsgeflechten und deren Güte. Vertrauen und soziale Bindungen sind nicht mehr an sich wertvoll,

[21] Masschelein und Simons sprechen in diesem Zusammenhang auch vom ‚unternehmerischen Selbst' (Masschelein, J., Simons, M., 2012, S. 28).

> sondern werden funktional im Sinne unternehmerischen Kapitals“ (Röben, S. ebd., S. 112).

Dieser Idee der Verwaltung des Selbst im Sinne realer Lebensgestaltung liegt keine Orientierung am Persönlichkeitsideal eines humanistischen Menschenbildes zugrunde.

Vielmehr zielt sie auf eine ‚Norm der Individualität‘ selbst, erfüllt durch den Glauben an unbegrenzte Möglichkeiten zur Gestaltung des je eigenen Lebensentwurfs (vgl. Masschelein, J., Simons, M., 2012, S. 30).

Die Auseinandersetzung mit herausgestellten Auswirkungen dieser normativen Anforderungen in Erkenntnis *vermeintlicher* Gestaltungsfreiheit an jeden Menschen mündete in eine Reflexion soweit erfassbarer (exemplarisch gewählter) gesellschaftlicher Zustände.

Die darin gewonnenen Erkenntnisse und aufbrechenden Fragen geben nicht lediglich Anlass einer Hinwendung *zum* Menschen und dessen Voraussetzungen zu Bewältigung, Vollzug und Erhalt der eigenen Lebenspraxis, sondern implizieren die Möglichkeit der Zuwendung zu subjektiv essentiellen Bedürfnissen des Menschen durch *pädagogische Interaktion.* Die Entfaltung der Fähigkeit des Subjektes zur Bewältigung von Übergängen durch den Erhalt von Intersubjektivität bedingt nicht vorrangig eine neuerliche Bildungsreform, sondern gründet vielmehr auf einer Bereitschaft zur Anerkennung und Annahme gegenwärtiger Herausforderungen.

> „Das Leben als gestaltbares Projekt wahrzunehmen hieße eine Berechenbarkeit zugrunde zu legen, die jegliche Form von unvorbereitetem Ausgesetzt-Sein ausschließt. Dem gegenüber steht ein Verständnis von Leben als Prozess des

> Erlebens, losgelöst von Prognosen. Die Verwirklichung des Seins als Mensch geschieht hier durch Begegnung und Kontakt, durch Berührung und Teilhabe. Durch ein *in und mit der Welt sein*" (Röben, S., 2015, S. 115).

Mit Welt ist hier in Anlehnung an die Definition von Masschelein und Simons ein öffentlicher Raum im Sinne eines *in Gemeinschaft seins* gemeint (vgl. Masschelein, J. und Simons, M., 2012, S. 98).

> „Das >>mit<< weist mit anderen Worten auf die einfache Tatsache hin, dass ich nicht alleine bin, dass mein Sein in der Welt ein Mit-Sein ist. Mein Sein oder Mich-Aufhalten in der Welt, so wie wir sie auffassen, ist unmittelbar ein Geteilt-Sein, eine Sache des Seins-Mit oder des Mit-Seins, eine Sache des Ausgesetzt-Seins. Die Welt ist der Raum zwischen uns, der Raum, der uns verbindet und uns einander aussetzt und den niemand besitzt. Sie ist der Raum, den sich niemand aneignen kann, der aber von einer Pluralität von Menschen geteilt wird, die nicht aufeinander zurückzuführen sind, nicht dieselben sind und von daher geteilt" (Masschelein, J. und Simons, M. ebd., S. 115).

Der explizite Hinweis auf die Einzigartigkeit des Menschen und dessen Ausgangsstandort, also von wo aus er *auf* etwas zugeht, findet in Bubers Bildungsbegriff eine Entsprechung. Buber nennt diesen Ausgangspunkt ‚Urwirklichkeit'. Diese Urwirklichkeit ist für ihn der Ursprung ‚bildnerischer Kräfte' und damit der Zugang, den die Bildungsarbeit im Menschen finden muss (Buber, M. 2005, S. 53).

In diesem Kontext und auf Grundlage der Erkenntnisse der Bindungstheorie, die den Prozess der Entwicklung der Beziehungsfähigkeit des neugeborenen Kindes unter dem besonderen Aspekt der Bindung des Menschen beschreibt, zeigt sich die zwischenmenschliche Beziehung und ihre existentielle Bedeutung (vgl. Brozio, P., 1995, S. 654).

4.1 Zwischenmenschliche Beziehung: eine Definition

Zwischenmenschliche Beziehung meint hier zunächst in Anlehnung an die interpretativen Ausführungen von Peter Brozio

> „[…] die Beziehung zwischen zwei Menschen […], an die alle größeren Gebilde anknüpfen und auf die sie daher auch wieder reduziert werden können.
>
> Diese gehört nicht in den Bereich der physikalischen Welt und ist somit auch nicht […] als ein Objekt gegeben, das entsprechend beschrieben werden kann" (Brozio, P. ebd., S. 655).

Vielmehr ist Beziehung nach Brozio als ein wechselseitig wirkender interaktiver Prozess anzusehen, innerhalb dessen Identitäten ausgehandelt werden. Beziehungen werden von den Beteiligten als wirklich konstruiert (vgl. ebd., S. 655).[22]

Analog dazu sind Beziehungen nicht losgelöst von einer Art Selbständigkeit im Sinne ‚objektiver Spuren' zu denken, die ihrerseits auf den Menschen wirken und bestimmte Verhaltensmuster vorgeben (vgl. ebd., S. 655).

Zwischenmenschliche Beziehung kennzeichnet sich also durch die Wechselwirkung personaler und gesellschaftlich-kultureller Anteile aus (vgl. ebd., S. 655 f.).

---

22 Brozio bezieht sich hier und im folgenden Vergleich auf Simmel, G.,McCall,G.J./Simmons, J.L. (*Identität und Interaktion*, Düsseldorf 1974), Schlenker (*Identities, identifications, and relationships*. In: Delerga, J.V. (ED): *Communication, intimacy, and close relationships*, Orlando, 1984, S. 71ff) und Watzlawick, P.

Diesbezüglich unterscheidet Brozio drei Haltungen des Individuums innerhalb einer Beziehung in

> „a) Der einzelne Mensch weist der Beziehung als objektiver Form Priorität zu, so daß personale Aspekte dahinter zurücktreten. [...]
>
> b) Der einzelne Mensch betont die Personalität und die daraus sich ergebenden Wünsche und Ansprüche, so daß dahinter die Beziehung zurücktritt. [...]
>
> c) Der einzelne Mensch betont Personalität und Beziehung gleichermaßen und somit die Wechselwirkungen, in denen sowohl der Beziehung als auch den personalen Anteilen Rechnung getragen wird" (daß; Schreibweise im Original)[23] (Brozio, P. ebd., S. 657 f.).

Brozio geht davon aus, dass jede der beschriebenen Haltungen zu unterschiedlichen Zeitpunkten und Entwicklungsständen von differenzierter Bedeutung für die Beziehung ist. Konflikte innerhalb von Beziehungen lassen sich somit nur durch Ausgewogenheit aller drei Haltungen lösen, wobei dies eine idealtypische Vorstellung ist, die realiter nur temporär möglich erscheint (vgl. ebd., S. 659).

Ebenfalls unterscheidet Brozio drei Strukturebenen zur Darstellung einer Beziehung.

„So existiert ein Kern, eine innere Ebene, auf der die Menschen wie mit einem Band aneinander gebunden sind. Eine mittlere Ebene, auf der sie miteinander die verschiedenen Identitäten aushandeln, Kosten und

23 Ein Teil der verwendeten Literatur dieser Arbeit wurde entlang älterer Regeln der deutschen Rechtschreibung verfasst. Zugunsten der Lesbarkeit verzichtet die Autorin im weiteren Verlauf auf Kenntlichmachung.

Nutzen abwägen und auf der auch Gefühle wie Dankbarkeit, Verpflichtung, Trauer, Freude usw. kommuniziert werden. Der Rahmen bildet die äußerste und auch im Gegensatz zu den beiden anderen Ebenen vornehmlich nach außen gewandte Schicht, die in unmittelbarem Kontakt zum gesellschaftlich/kulturellen Kontext steht" (Brozio, P. ebd., S. 659).

Brozio erkennt hier in der je nach Intensität und Qualität einwirkenden Veränderung den Verlauf von Beziehungsentwicklung. Auch hier sind vermutlich zu unterschiedlichen Zeiten verschiedene Anteile dominant wirksam und dadurch beziehungsverändernd (vgl. ebd., S. 659).

Entscheidend für das Vertrauen in die eigene Lebenspraxis ist jedoch, ob die verändernde Einwirkung den Menschen in der Anerkennung seiner selbst stärkt oder schwächt.

4.2 Zwischenmenschliche Beziehungen als eine Bedingung von Entscheidungsfähigkeit

Im Verlaufe seines Lebens muss der Mensch auf der Suche nach Identität Veränderungen an sich selbst in Einklang mit seinem bisherigen Lebenslauf bringen. Dieser Akt der Individualisierung steht jedoch im Zusammenhang mit normativen Lebensformen, da er sich in einer interkulturellen Situation befindet (vgl. Muth, C., 2011, S. 53).

Lebenspraktische Veränderungen sind also einerseits abhängig von kulturellen *Sollregelungen* und andererseits von der Anerkennung zu lösender Aufgaben durch das Subjekt im Sinne einer inneren *Entsprechung* (vgl. ebd., S. 53).

> „Das Streben nach Zielen darf jedoch nicht in bloße Fremdbestimmung eingehen, sondern jede Norm ist durch die Vielfalt von deren Auslegung begrenzt. Gleichzeitig kann die Akzeptanz einer Norm nicht durch Unterwerfung geschehen" (Muth, C. ebd., S. 53).

Grundlage stetiger Erneuerung der Lebenspraxis ist in diesem Sinne ein Vertrauen des Menschen in sich selbst und in andere Menschen. Sozusagen eine Bestätigung des Menschen in seinen Handlungen und seinem Sosein durch andere Menschen.

Eine Gesellschaft, die von Umbrüchen geprägt stetige Leistungssteigerung und anpassende Erneuerung (im normativ unterwerfenden Sinne) ihrer Mitglieder erwartet, steht hier in einem Widerspruch zur dynamischen Lebenspraxis des Menschen.

Dennoch zeigt sich trotz aller Widersprüchlichkeit eine gewisse Übereinstimmung gewünschter Prozesse; beide Male geht es um Erneuerung.

Der Unterschied liegt in der Anerkennung menschlicher Eigenschaften und Bedürfnisse, oder anders formuliert in der Unterscheidung eines normativ festlegenden und eines ontologischen Menschenbildes. Ein Verharren in alten starren Strukturen verhindert in beiden Fällen die Dynamik der Lebenspraxis, jedoch meint Erneuerung der Lebenspraxis nicht Anpassung (an die), sondern Konfrontation *mit* den Anforderungen des Lebens (vgl. ebd., S. 54).

Bezugnehmend auf die skizzierten Zustände von Gesellschaft im ersten Teil dieser Arbeit wird der Hinweis auf die Notwendigkeit einer kontemplativen Aufmerksamkeit hier noch einmal deutlich. „Um jedoch Dynamik in das eigene Leben zu bringen, braucht der Mensch Zeit und Raum zur Selbstbesinnung" (Muth, C. ebd., S. 53).

Versteht sich der Mensch als Subjekt der gegenwärtigen Kultur, dann bedeutet dies, dass seine Entscheidungen das reale Kulturleben beeinflussen.

Eine solche Bestätigung des Menschen kann sich nur in der zwischenmenschlichen Beziehung erfüllen, da er zwar selbst entscheiden muss, sich selbst jedoch nicht relativieren kann (vgl. ebd., S. 57).

Ohne einer genaueren Darstellung der Dialogphilosophie Martin Bubers vorwegzugreifen (vgl. Kapitel 5 dieser Arbeit), ist eine Bezugnahme an dieser Stelle notwendig.

In der Dialogik wird davon ausgegangen, dass es einen vom Menschen selbst zu entdeckenden Lebensweg gibt. „Sein wahres Sein findet der Mensch durch seine selbstgewählte Lebensrichtung" (Muth, C. ebd., S. 57).

Für dieses Unterfangen braucht der Mensch die Bestätigung im Sinne menschlicher Bindung und gegenseitigen Vertrauens.

> „Der Mensch braucht die anderen Menschen, um sein Selbstwissen in Bewegung zu bringen und den Prozeß von einem „Über-sich-selber-Urteilen" hin zu einem „Sich-selber-Wollen" zu durchlaufen. Auch wenn der Mensch auf die Bestätigung der Anderen nicht verzichten kann, reicht deren Zuspruch nicht aus, wenn er sich selbst innerlich ablehnt. Für ein Sich-selber-Wollen braucht er hingegen Selbstvertrauen und Selbstliebe" (Muth, C. ebd., S. 57).

Erst durch die unbedingte *anerkennende* Bestätigung des Menschen durch andere Menschen kann dieser sich einer bewussten verantwortlichen

Wahrnehmung stellen. Dieses Bewusstsein kann für Buber nur im authentischen unmittelbaren zwischenmenschlichen Kontakt entstehen.

5 Zur Dialogphilosophie Martin Bubers

In Anerkennung von Intersubjektivität als Vorgang einer vertrauensvollen Identitätsfindung gilt es, Subjekte im Kontext von Bildung als mit der gesellschaftlichen Wirklichkeit verbundene Identitäten zu verstehen.

Zeitgleich geht es vor allem im Bereich der Erwachsenenbildung um die Entwicklung eines ‚radikalen Engagements', das Menschen dazu befähigt, nicht lediglich ihre Selbstzweifel (im Sinne von Selbst-Vertrauensverlust) auf ein Mindestmaß zu reduzieren, sondern in globalen Prozessen Verantwortung zu übernehmen und Widerstand gegenüber aufkommenden Risiken leisten zu können (vgl. ebd., S. 10).

Die Dialogphilosophie Martin Bubers und seine Idee von Bildung ist unmittelbar an die Qualität der zwischenmenschlichen Beziehung, unabhängig des Bildungskontextes, gebunden.

> „Nach Buber trägt das Kind nicht nur den >>Urhebertrieb<< in sich, sondern gleichursprünglich auch den >>Trieb nach Verbundenheit<<[...]" (Werner, H.-J., 1994, S. 105).[24]

Auch nach Buber ist Bildung als ein Prozess lebenslangen Lernens zu verstehen. Jedoch geht es Buber um die *Gewahrwerdung* des Menschen seiner selbst in der authentischen Begegnung zwischenmenschlicher Beziehungen, worin sich seine Bildungs-Theorie vom klassisch humanistischen Bildungsideal *wesentlich* unterscheidet.

---

[24] Auf die Begriffe Urhebertrieb und Verbundenheitstrieb wird in Kapitel 6 (Unterkapitel 6.1.2) erläuternd Bezug genommen.

5.1 Zum Verhältnis von Ich-Du- und Ich-Es-Beziehungen

Der Mensch wendet sich der Welt und somit anderen Menschen, gleich welchen Alters, in zweierlei Grundhaltungen, die Buber auch Grundworte nennt, zu: der Ich-Du- und der Ich-Es-Haltung. „Die Welt ist dem Menschen zwiefältig nach seiner zwiefältigen Haltung“ (Buber, M., 1995, S. 3).

Da beide Grundworte das *Ich* enthalten, deutet dies auf eine zwiefältige Haltung des Menschen zur Welt, die es zu unterscheiden gilt. Diese Unterscheidung drückt sich für Buber in der Einbringung des ganzen Wesens aus: Während Ich-Es niemals mit dem ganzen Wesen gesprochen werden kann, kann das Grundwort Ich-Du *nur* mit dem ganzen Wesen gesprochen werden (vgl. ebd., S. 3).

Eine Ich-Du-Haltung ist also als Ausdruck wahrhaftigen *Zugewandtseins* zur Einzigartigkeit des Gegenübers zu verstehen.

> „Du- Beziehung bedeutet – den existentiellen, praktischen, handelnden Zugang zur Einmaligkeit des Gegenübers, und damit Verbundenheit im Gegensatz zu sach-orientierter Distanz, Unmittelbarkeit im Gegensatz zum Mittel-Zweck-Umgang, Zweckfreiheit also; Ausschließlichkeit im Gegensatz zum Umgang mit einer Vielzahl [...]; Nicht-Planbarkeit, sondern Überraschung, keine Sicherheit, weil der Verfügung und Beherrschung entzogen“ (Bohnsack, F., 2008, S. 11).

Buber nennt dieses Zugewandtsein in echter gegenwärtiger Beziehung eine *Begegnung*, während er die Ich-Es-Haltung dem Bereich der *Erfahrung* zuordnet.

Diese Unterscheidung ist im Sinne Bubers als grundlegend, jedoch nicht als bewertend zu verstehen. Der Mensch kann nicht dauerhaft in einer Ich-Du Haltung verweilen, sondern befindet sich in einem stetigen Wechsel seiner zwiefältigen Haltung. Das Erfahren von Welt geschieht im Ich-Es Modus. Reflektierendes Nachdenken über Begegnungen, währenddessen wahrgenommene Gefühle, all das liegt außerhalb der unmittelbaren Wahrnehmung des Ich-Du, ist jedoch gleichermaßen *menschlich*:

> „Man sagt, der Mensch erfahre seine Welt. Was heißt das? Der Mensch befährt die Fläche der Dinge und erfährt sie. Er holt sich aus ihnen ein Wissen um ihre Beschaffenheit, eine Erfahrung. Er erfährt, was an den Dingen ist.
>
> Aber nicht Erfahrungen allein bringen die Welt dem Menschen zu“ (Buber, M., 1995, S. 5).

Bubers Ich-Du-Haltung kann als ein gegenwärtiges Erleben beschrieben werden, das in der Erfahrung (Ich-Es) zu einem nachwirkenden Verstehen werden kann. Für Buber ist entscheidend, wie der Mensch fortan mit seinen Erfahrungen umgeht. Durch Achtsamkeit im Sinne einer ganzheitlichen Umfassung des Menschen im gegenwärtigen Augenblick kann ein Ich-Es zu einer authentischen Begegnung im Ich-Du-Modus transformiert werden. Gemeint ist die unmittelbare Wahrnehmung des Menschen als Subjekt, losgelöst jedweder objektiver Zuschreibungen (vgl. Röben, S., 2015, S. 121).

> „Stehe ich einem Menschen als meinem Du gegenüber, spreche das Grundwort Ich-Du zu ihm, ist er kein Ding unter Dingen und nicht aus Dingen bestehend.
>
> Nicht Er oder Sie ist er, von andern Er und Sie begrenzt, im Weltnetz aus Raum und Zeit eingetragner Punkt; und nicht eine Beschaffenheit, erfahrbar,

beschreibbar, lockeres Bündel benannter Eigenschaften. Sondern nachbarnlos und fugenlos ist er Du und füllt den Himmelskreis. Nicht als ob nichts andres wäre als er: aber alles andre lebt in *seinem* Licht" (Buber, M., 1995, S. 8 F.).

In einer solchen Begegnung liegt die Kraft hoffnungsvoller Zuversicht für diesen einen Menschen mit allem, was ihn ausmacht, woraus er besteht und was er mitbringt.

5.2 Die ‚Anderheit'[25] des Anderen in der Dialogphilosophie Bubers

Die Anerkennung des Gegenübers innerhalb einer Begegnung als eine Person, als eine ‚persönliche Welt', löst sich von der Tendenz des Einordnens von Neuem in bereits Gewusstes und beschreibt eine ganzheitliche, unvoreingenommene Hinwendung von Person zu Person als dialogische Grundbewegung (vgl. Buber, M., 2005, S. 294 und Werner, H.-J., 1994, S. 30 f.).

> „Hinwendung ist also insofern eine ganzheitliche Bewegung, als sie von der ganzen Person ausgeht und sich auf die ganze Person bezieht"
> (Werner, H.-J., 1994, S. 31).

Dialogisch im Sinne Bubers ist eine solche Hinwendung jedoch erst dann zu nennen, wenn sie sich ohne jegliche Taktik bezüglich des Gespräches und des Verhaltens vollzieht. Gemeint ist die unbedingte Anerkennung des Subjektes und dessen Selbstzweckes und somit keine Haltung des Ausnutzens oder Gebrauchens (vgl. ebd., S. 30).

---

25 Kennzeichnender Wortgebrauch Bubers.

Nach Werner vollzieht sich Bubers Dialogik der Hinwendung über verschiedene Ebenen des kognitiven Verhältnisses zwischen ‚Ich und Partner'. Buber unterscheidet hier zunächst Beobachtende von Betrachtenden. Während sich die Beobachtenden physiognomische Gegebenheiten des Gegenübers einprägen und entlang des bereits vorhandenen Erfahrungswissens deuten, sind Betrachtende unwillkürlich in ihrer Hinwendung. Sie stehen quasi in einer Erwartung dessen, was sich ihnen darbieten wird, *nicht* in einem durch strukturierte Vorerfahrungen *erwartenden* Wahrnehmungsmodus (vgl. ebd., S. 31).

In den echten Dialog tritt das Ich jedoch erst ab der dritten Ebene, welche Buber als eine ‚Haltung des Innewerdens' beschreibt. Hier vollzieht sich etwas, das Werner als ‚Betroffenheit' im Sinne eines persönlichen ‚Sich-angehen-Lassens' umschreibt (vgl. ebd., S. 32).

> „Es kommt hier darauf an, daß etwas wahrgenommen wird, was das Ich persönlich angeht [...] und zwar so, daß eine Antwort erfolgen muß" (Werner, H.-J. ebd., S. 32).

Diese Unterscheidung meint jedoch nicht eine mystifizierende Entwirklichung der Ich-Du-Beziehung im Sinne eines Vergessen-Könnens jeglicher gemachter Erfahrungen im Beobachtungs- bzw. Betrachtungsmodus.

> „Das Ich der geisthaften Ich-Du-Beziehung ist ein selbstbewußtes Ich, welches aus der damit gegebenen Distanz immer schon Objektivierungen vollzogen hat, also auch Beobachtungen und Betrachtungen in dem [...] beschriebenen Sinne. Beobachtungen und Betrachtungen können somit zwar Hindernisse für das Entstehen einer Ich-Du- Beziehung sein; sie sind auf der anderen Seite jedoch auch Voraussetzungen, da sonst das Ich nicht zu dem für die Beziehung

notwendigen Selbstbewußtsein käme, mithin also gerade keine geisthafte Beziehung entstünde"
(Werner, H.-J. ebd., S. 33).

Diese Distanz, die Buber als ‚Urdistanz' bezeichnet, begreift er demnach als eine Voraussetzung des Beziehungsaktes selbst. Für Buber kann echte Beziehung ausschließlich von distanziert Seienden im Sinne ‚selbständiger Gegenüber' Gewordener stattfinden (vgl. ebd., S. 33).

Damit ist jedoch kein Verharren in distanzierter Haltung, kein objektivierendes Wahrnehmen von Wirklichkeit gemeint, sondern eine Anerkennung und Achtung der ‚Anderheit' des Gegenübers; anders ausgedrückt: die unbedingte Anerkennung des Gegenübers als eine ebenbürtige ‚persönliche Welt'.

Das dialogische Innewerden geht über die beschriebene Haltung dergestalt hinaus, als dass aufmerksames Beobachten und Betrachten zu einem *Angesprochen-Sein* führen, welches sich dann auch wahrhaftig vollzieht.

„Hier wird also das Innewerden in Richtung Verantwortung überschritten" (Werner, H.-J. ebd., S. 40).

Eine wahrhaft dialogische Haltung in unbedingter Anerkennung der Anderheit des Anderen zeigt sich nach Bubers Verständnis erst in der Bereitschaft des Eintritts in die Verantwortung oder, anders ausgedrückt, in der Bereitschaft zu *antworten* (vgl. ebd., S. 40).

Werner verdeutlicht diese Weise der Transzendierung des Innewerdens an einem Beispiel des von Buber wiederholt erörterten erzieherischen Verhältnisses.

> „>>Innewerden<< im erzieherischen Verhältnis kann z.B. die Wahrnehmung von Fragen, Problemen des Zöglings seitens des Erziehers bedeuten. Der Erzieher kann über diese Fragen und Probleme nachdenken, aber zu dem Ergebnis kommen, sie auf sich beruhen zu lassen, ihnen also nicht weiter nachzugehen. Er kann aber im Sinne dialogischer Umfassung die Fragen auch zu seinen eigenen machen, sich ihnen stellen, auf sie eingehen, die Situation also nicht nur vorstellend nachvollziehen, sondern mit seiner eigenen Person in sie eintreten“ (Werner, H.-J. ebd., S. 40 f.).

Innewerden geschieht nach Buber also durch Vergegenwärtigung, ganzheitliche Umfassung und Übernahme von Verantwortung konkreter Personen im Sinne von *Antworten* finden und geben, bezogen auf das *eigene* Handeln in *Anerkennung* der ‚Anderheit‘ des Anderen.

5.3 Dialogik und kulturelle Identität

Für Buber erfüllt sich dialogisches Innewerden und unbedingte Anerkennung sowie Bestätigung des Anderen jedoch nicht durch reine vorbehaltlose Hingebung an anderes Sein, sondern gleichsam durch die Selbstwerdung und Persönlichkeitsbildung des Subjektes eben durch das Verhältnis zu einem anderen Sein. Selbstwerdung bzw. Selbstvervollkommnung, oder anders ausgedrückt ‚Ganzwerdung‘, geschieht in diesem Sinne nicht durch ein Verhältnis zum eigenen Selbst, sondern ausschließlich durch ein Verhältnis zu einem anderen Selbst (vgl. ebd., S. 51).

> „Bezogen auf die Struktur einer Gesellschaft ist sie [die Selbstvervollkommnung; S.R.] auch eine Frage der eigenen kulturellen Identität. Das Niveau, auf dem sich diese organisiert, ist umso höher, je ausgeprägter ihr dialogisches Verhältnis zur Anderheit ist. Dieses Ineinander von Beziehung zum eigenen Selbst und Beziehung zum Anderen auf allen Ebenen zeigt an, daß mit der Anerkennung des Andersseins keine Vernachlässigung der eigenen Identität gegeben und somit auch keine moralische Überforderung im Sinne des Altruismus verbunden ist" (Werner, H.-J. ebd., S. 51).

Die Anerkennung der ‚Anderheit' des Anderen nach Bubers Verständnis ist nicht mit unbedingter Toleranz im Sinne einer gleichen Gültigkeit fremden Sinngehaltes zu übersetzen.

Vielmehr geht es um die Anerkennung, dass es nicht *die eine Wahrheit* gibt, jedoch nicht auf einen Wahrheitsanspruch verzichtet werden kann, in dem alles als *gleich* gültig angesehen wird (vgl. ebd., S. 51 ff.).

Die sich daraus für den Lebensalltag immer wieder stellende Anforderung an jedes Mitglied von Gesellschaft ist die, den je eigenen Standpunkt in der Auseinandersetzung mit Anderen für *wahr* zu nehmen und zeitgleich, trotz des Versuches, überzeugen zu wollen, dem Gegenüber das Recht auf diesbezügliche Entscheidung einzuräumen (vgl. ebd., S. 51 ff.).

Die Ich-Du-Beziehung findet somit ‚in ihrer entwickelten Gestalt' ausschließlich gegenseitig statt.

Dies bedeutet, dass eine dialogische Begegnung innerhalb einer Beziehung von beiden Seiten ausgeht, also Gegenseitigkeit voraussetzt. Mit anderen

Worten: dass ein Ich und ein Du einander dialogisch begegnen (vgl. ebd., S. 56).

5.4 Bubers Begriff des ‚Zwischen' als Weg des Einzelnen über sich hinaus

Dem Begriff Gegenseitigkeit liegt im Sinne Bubers kein ethisches, sondern ein ontologisches Verständnis zugrunde.

> „Das Sein der gebenden Person wird durch das bereichert, was sie empfängt: durch die Weltsicht des Anderen, durch seine Gedanken-und Gefühlswelt, durch seine Fähigkeiten, Meinungen und Argumentationsmöglichkeiten, vor allem aber durch seine Person selbst, die sich mir zuwendet. Ein grundsätzlicher Verzicht auf Gegenseitigkeit würde somit letztlich den Verzicht auf das Werden des Ich >>am Du<< (ID 15) bedeuten, auf die Gewinnung eigener Identität, die eben dialogisch verläuft" (Klammerangabe im Original; S.R.) (Werner, H.-J. ebd., S. 57).

Bubers Ich-Du-Haltung kann somit als eine Komponente des ‚Zwischen' beschrieben werden, innerhalb derer es um Ichwerdung durch die Person des Anderen geht, das Ich jedoch sich nicht der anderen Person verdankt, sondern der subjektiven Fähigkeit des Du-Sagen-Könnens. Es geht Buber also ebenso um eine Bestimmung des Ichs innerhalb dialogischer Beziehungen (vgl. ebd., S. 58).

Dieses Zwischen konstituiert sich für Buber am anschaulichsten durch das ‚wahre Gespräch'.

> „[…] das Gespräch ist keine Auseinandersetzung. Auseinandersetzung wird ganz leicht zu einem Streit zweier Meinungen, der nicht unterscheiden läßt, wie

> sich darin die innere Sicherheit und die dialektische Kunst verteilen. Im Streit fehlt daher oft die Anerkennung der Authentizität der Gegenmeinung, auch wenn sie zweifelsohne authentisch ist.
>
> Diese Anerkennung ist die Voraussetzung eines wahren Gespräches, in welchem sich Mensch an Mensch wendet und in diesem Wenden ihn in seiner Existenz bestätigt“ (Buber, M., 2005, S. 380).

Dieses Zwischen kann philosophisch als eine Dimension von Wirklichkeitsübergängen interpretiert werden, als eine „Verbindung einer Wirklichkeit mit einer anderen Wirklichkeit, bzw. als das, was eine Wirklichkeit über sich selbst hinausführt zu einer anderen Wirklichkeit“ (Werner, H.-J., 1994, S. 59).

5.5 Das dialogische Prinzip und die Beziehung des Menschen zur Welt

Bubers dialogisches Prinzip führt in einen Bereich, der anhand kategorischer Subjekt-Objekt-Zuschreibungen nicht zu erfassen ist. Darüber hinaus erschöpft sich dieses Prinzip für Buber keineswegs im zwischenmenschlichen Bereich:

> „[...] die beiden Grundworte Ich-Es und Ich-Du regeln vielmehr die Beziehungen des Menschen zur Welt überhaupt; das Grundwort Ich-Du führt den Einzelnen über sich selbst hinaus zur Wirklichkeit der Welt und schafft somit die Verbindung, die Buber als >>Zwischen<< [...] bezeichnet, während in der Relation Ich-Es der Mensch zwar auch in ein Verhältnis zur Welt kommt, aber eben in keines, das ihn wirklich über sich hinaus führt“ (Werner, H.-J. ebd., S. 60).

Das Hinauskommen über sich selbst zeigt sich im Zwischen des dialogischen Prinzips durch die unbedingte Anerkennung der Anderheit des Anderen, jedoch ebenso in der Anerkennung einer Wirklichkeit der Welt im Ganzen.

Die Wahrnehmung und Erschließung der Natur im Sinne eines Angesprochen-Werdens durch ein Wesen beschreibt im Sinne Bubers ebenso eine dialogische Begegnung. Die notwendige Gegenseitigkeit ergibt sich hier nicht in jedem Fall durch ein Verhalten (wie beispielsweise zwischen Tier und Mensch noch möglich), sehr wohl jedoch durch ein mitteilendes Dasein, welches auf entsprechende Wahrnehmung des Gegenübers in Form eines Sich-angesprochen-Fühlens in seiner Bestätigung angewiesen ist (vgl. ebd., S. 69).

> „Dabei braucht er [der Mensch; S.R.] nichts von dem zu >>vergessen<<, was er durch Wissenschaft und Beobachtung von der Natur erfahren hat; hinzukommen muß nur die Wahrnehmung und ausdrückliche Respektierung der >>Anderheit<< der Natur" (Werner, H.-J. ebd., S. 69).

Was hier deutlich zum Ausdruck gebracht wird, ist das Aufeinander-angewiesen-Sein von Mensch und Natur. Eine Verletzung der ontologischen Verbundenheit bedeutet in diesem Sinne nicht ausschließlich eine Verletzung der Natur, sondern gleichermaßen eine Verletzung des Menschen (vgl. ebd., S. 70).

5.6 Das dialogische Prinzip als Erkenntnisprozess

Bubers Dialogphilosophie kann wissenschaftstheoretisch als Sozialphilosophie angesehen werden, die sich der menschlichen Lebenspraxis auf eine Weise nähert, welche die Grenzen rationalen Erfassens von Lebenswirklichkeit aufzeigt, ohne vollständig auf Rationalität verzichten zu müssen (vgl. Muth, C., 2011, S. 13 und 47).

Vielmehr vollzieht sich der Prozess der Erkenntnis durch „Innewerden, Gewahrwerden, Merken und Spüren" ohne vorgegebene kategorische Ausrichtung, quasi durch eine Zuwendung zum Leben und dessen Erhaltungs-Möglichkeiten selbst (vgl. Muth, C. und Nauerth, A. 2008, S. 19).

> „Ich zeige Wirklichkeit, ich zeige etwas an der Wirklichkeit, was nicht oder zu wenig gesehen worden ist. Ich nehme ihn, der mir zuhört, an der Hand und führe ihn zum Fenster. Ich stoße das Fenster auf und zeige hinaus. Ich habe keine Lehre, aber ich führe ein Gespräch" (Muth, C. und Nauerth, A., 2008, S. 19[26]).

Buber bringt hier zum Ausdruck, dass der Mensch grundsätzlich als soziales Wesen gedacht werden muss, da Leben als solches sich uneingeschränkt innerhalb menschlicher Beziehungen vollzieht.

Nach Werner geht es Buber um

> „[...] eine Lebenshaltung, die wohl theoretisch reflektiert werden kann, die sich aber im Leben selbst zu bewähren hat, eine Lebensrichtung, die für die

[26] Dieses Zitat stammt von Buber selbst und wird von Muth und Nauerth rezitiert.

> Konzipierung seiner eigenen dialogischen Philosophie entscheidend war" (Werner, H.-J., 1994, S. 14).

Dies impliziert die Unmöglichkeit innerhalb des dialogischen Prinzips, professionelles Erkennen auf unberührtes Betrachten reduzieren zu können.

> „Für Buber ist ein/e Professionelle/r ein Mensch, der die eigene Subjektivität anerkennt und aus seiner Lebenspraxis heraus authentische Gedanken formuliert. Die Beteiligung am Leben ist hierbei unabdingbare Prämisse, und die Intuition gibt die Richtung zur kreativen Öffnung für zwischenmenschliche Situationen vor. Dadurch wird das, was erkannt wird, nicht einer allgemeinen Logik unterworfen, sondern dem jeweiligen sozialen Setting" (Muth, C. und Nauerth, A., 2008, S. 19).

Somit geht die Expertise der Dialogphilosophie davon aus, dass wissenschaftliche Methoden lediglich eingeschränkt soziale Wirklichkeit sowie deren Wahrheiten abbilden können, „[...] weil sich das Erfahren der Wahrheit vom wahren Erfahren des Lebens unterscheidet" (Muth, C. und Nauerth, A. ebd., S. 19).

Diese lebensweltbezogene Wahrnehmungshaltung durch Einbeziehen des Gegenübers vollzieht sich praktisch durch die Übereinstimmung von Erkenntnis-Suchenden und Erkenntnisgegenständen ohne Fixierung innerhalb des Prozesses und beruht auf der Annahme des im jüdischen Denken impliziten Gleichsetzens von Leben und Erkennen (vgl. ebd., S. 19).

Dialogisches Denken kann somit als eine Form ‚erkennenden Handelns' beschrieben werden, bei dem es um ‚gelingendes Leben' geht. Gemeint ist, dass dialogisches Denken in Anwendung etwas Neues innerhalb sozialen

Lebens schafft, das verstanden werden kann, was zeitgleich ein entsprechendes Menschenbild impliziert bzw. herstellt. Es zeichnet den Menschen als *werdend* in der sozialen Interaktion (vgl. ebd., S. 19).

Die Auseinandersetzung mit sozialer Interaktion und Menschwerdung sowie dem Menschenbild in der Dialogik erfolgt im anschließenden Kapitel vor dem Hintergrund des Transfers der theoretischen Erkenntnisse der vorangegangenen Reflexionen in die Möglichkeiten pädagogischer Praxis.

Hierbei wird in Anlehnung an das von Cornelia Muth entwickelte philosophische Begründungskonzept ‚Erwachsenenbildung als transkulturelle Dialogik' vorausgesetzt, dass Subjekte für die existentielle Bewältigung ihrer risikobehafteten Umwelt, welche anhand der bisherigen Erkenntnisse in den vorangegangenen Kapiteln dieser Arbeit nach Ansicht der Autorin eine Bestätigung erfährt, lebenspraktische Fähigkeiten benötigen, die ein Übergangshandeln ermöglichen (vgl. Muth, C., 2011, S. 5).

> „Bei diesem Bewältigungsprozeß wird transkulturelle Erwachsenenbildung als eine gesellschaftspolitische Unterstützung betrachtet. Um Übergangshandeln vermitteln zu können, brauchen ErwachsenenbildnerInnen selbst die Ausbildung einer Übergangsfähigkeit“ (Muth, C. ebd., S. 6).

Vor dem Transfer in die Möglichkeiten pädagogischer Praxis geht es also im folgenden Kapitel zunächst um einen Zugangspunkt in Form dialogischer Erwachsenenbildung, die sich lebensweltbezogenen Erkenntnisprozessen widmet.

6 Dialog-pädagogisches Handeln; Relevanz für die pädagogischen Handlungsfelder

In Anerkennung der zwischenmenschlichen Beziehung als Bildungsraum bietet dialogische Erwachsenenbildung möglicherweise einen Zugangspunkt, über den es AdressatInnen gelingt, Resilienzen aufzubauen und somit Widerstand leisten zu können gegen Anforderungen einer risikobehafteten Gesellschaft (vgl. ebd., S. 11).

Diese Notwendigkeit kann innerhalb von Bildungsprozessen im Kontext moderner Gesellschaften nicht übergangen werden, denn solange ‚Angst oder Abgestumpftheit' die Beschäftigung des Menschen mit sich selbst bestimmt, können sie kaum Aufmerksamkeit für Verantwortlichkeiten entwickeln, schon gar nicht hinsichtlich globaler Belange (vgl. ebd., S. 11).

Das von Cornelia Muth mit Bezug auf die Dialogphilosophie Martin Bubers entwickelte Begründungs-Konzept einer ‚Erwachsenenbildung als transkulturelle Dialogik' wird im Erkenntnis-Rahmen dieser Arbeit für anwendbar gehalten, Konsequenzen für das gegenwärtige Verständnis von Pädagogik und Bildung zu ziehen und diese hinsichtlich der Einflussnahme auf aktuelle gesellschaftliche Zustände zu erforschen.

Dabei gilt es thematisch zunächst zu berücksichtigen, dass die Bezugnahme lediglich punktuell geschieht, was bedeutet, dass die gesamte Intention, Analyse und Argumentation Muths hier nur in Auszügen dargestellt und begründend angewendet werden kann.

Dennoch lassen sich aus der Konzeptentwicklung Muths, Handlungs- und Haltungsprämissen ableiten, die sich auf jeglichen Bereich pädagogischer Praxis oder pädagogischer Anteile institutioneller Bildung anwenden bzw. einnehmen lassen.

6.1 Muths Konzept transkultureller Dialogik in der Erwachsenenbildung als Bildungsperspektive

Muths philosophisches Begründungskonzept ‚Erwachsenenbildung als transkulturelle Dialogik' geht mit Bezug auf Berger, Buber und Giddens[27] davon aus,

> „[…] daß Intersubjektivität sich durch Vertrauen entwickelt und sich lebenspraktisch nur zwischen Menschen realisieren kann. Durch diese Prämisse gehört transkulturelle Dialogik in ihrer Ethik zu einer Philosophie, die die monologische Subjektphilosophie und den transzendentalen Idealismus verläßt und damit abendländische „Egologie" (LEVINAS 93, 53) überwinden will" (Klammerangabe im Original; S.R.) (Muth, C., 2011, S. 12).

In Bezug auf die Übernahme globaler Verantwortung liegt Muths Analyse die Annahme zugrunde, dass diese nur geschieht, wenn Menschen sowohl für sich selbst als auch gegenseitig Verantwortung übernehmen (vgl. ebd., S. 12).

Eine konstituierende Rolle spielt dabei die Beziehung zur ‚Anderheit'[28] des Anderen. Ein Aspekt, der gemäß Muth innerhalb interkultureller Bildung bisher zu wenig Berücksichtigung fand (vgl. ebd., S. 12).

---

[27] Muth verweist hier auf Peter L. Berger, Martin Buber und Anthony Giddens.

[28] Kennzeichnender Wortgebrauch Bubers.

Vorausgesetzt wird ebenso, dass der Dialog als Medium die Kraft hat, Subjektivität zu bestätigen und zu sichern, gleichwohl jedoch auch zu transformieren (vgl. ebd., S. 12).

Die praktische Umsetzung dieser Form der Erwachsenenbildung geschieht über Kontakt im Sinne pädagogischer Interaktion, innerhalb derer Intersubjektivität stattfindet und bekräftigt wird (vgl. ebd., S. 12).

Diese Grundlagen setzen Handlungskompetenzen voraus, die ErwachsenenbildnerInnen dazu befähigen, subjektive Transformationsprozesse in der Interaktion mit Ihren AdressatInnen in Bewegung zu bringen (vgl. ebd., S. 12).

Hier zeigt sich die Nähe zu Bubers Dialogphilosophie. Um entsprechende Handlungskompetenzen zu entwickeln, bedarf es einer Haltung, die sich der Einmaligkeit des Gegenübers wahrhaftig zuwendet.

Es geht um eine Begegnung auf Augenhöhe in wahrhaft gegenwärtiger Beziehung, was Authentizität der Beteiligten voraussetzt.

> „Jeder Mensch, so Bubers Einstellung, möchte mit allen ihm zugehörigen Eigenarten, seinem wesenhaften also, in seiner Existenz bestätigt werden. Diese „Bestätigung" sucht der Mensch nicht nur innerhalb seiner Familie, sondern darüber hinaus in jeglicher Begegnung. Durch wohlwollenden Blickkontakt kann die Annahme des Menschen, ein *Gesehenwerden*signalisiert werden" (Röben, S., 2015, S. 121).

Dieses *Gesehenwerden* findet in der dialogischen Erwachsenenbildung ein Äquivalent, insofern es als ein ExpertInnensystem verstanden wird, welches versucht, Subjekten durch ‚gesichtsabhängige Bindungsformen' zu erneutem Vertrauen in ihre Lebenspraxis zu verhelfen (vgl. Muth, C., 2011, S. 11).

Diese Bestätigung kann dem Subjekt Sicherheit in der Unsicherheit seiner Umgebung verschaffen.

> „In der Risikogesellschaft ist der Mensch […] in seinen Entscheidungen einer permanenten Unsicherheit ausgesetzt. Verstärkt wird die Unsicherheit durch die Pluralität moderner Gesellschaften, deren Subjekte seit der Aufklärung unterschiedliche Lebensformen und verschiedene Identitäten bewusst wollen" (Muth, C. ebd., S. 24).

Dialogorientierte ErwachsenenbildnerInnen nehmen diese Unsicherheiten ernst, indem sie eine wirklichkeitsnahe und lebenspraktische Haltung einnehmen, ohne durch eigene Ansichten überzeugen zu wollen (vgl. ebd., S. 13).

Dies bedeutet, sie treten in eine dialogische Beziehung und damit in einen ausschließlichen Gegenwartsbezug.

Aus dieser Haltung ergeben sich die Konsequenzen für ein Verständnis von Pädagogik und Bildung, das einer marktgerechten Bildung im Sinne von Dienstleistung diametral gegenüber steht (vgl. Röben, S., 2015, S. 125).

In der dialogischen Beziehung erfährt sich der lernende Mensch nicht als zu belehrendes Objekt, sondern wird durch *echte* gegenwärtige Begegnung in seinem *Sosein* akzeptiert und bestätigt. Dies schließt die Wahrnehmung und Anerkennung seiner Eigentümlichkeit und Beschaffenheit auch hinsichtlich eigener Bewältigungsstrategien bezüglich alltäglicher Lebens-Herausforderungen uneingeschränkt ein (vgl. ebd., S. 125).

6.1.1 Grundlagen dialogischen Handelns und pädagogische Verantwortung

> „Dialogisches Handeln bedeutet ein handelndes Akzeptieren der gegenwärtigen Wirklichkeit und deren wirkende Wahrheit. Dialogik ist eine Theorie über die Haltung des Menschen, um der gegenwärtigen Wahrheit in der zwischenmenschlichen Wirklichkeit zu begegnen" (Muth, C., 2011, S. 50).

In Anerkennung der Teilhabe an einer Wirklichkeit, die nicht vom Menschen kontrolliert werden kann, braucht er Vertrauen in gegenwärtige und zukünftige Geschehnisse, um sich auf diese einzulassen. Dieses Vertrauen kann sich in der Wechselseitigkeit dialogischen Handelns entwickeln, in der authentischen Begegnung des Ich-Du-Modus (vgl. ebd., S. 50).

Dialogische Handlung kann nur in der Gegenwart geschehen und ausschließlich in Form einer Begegnung auf Augenhöhe im Sinne von Gleichwertigkeit stattfinden, was Dialogik zu einem ‚radikalen Modell' von Demokratie werden lässt (vgl. ebd., S. 51).

> „Beim dialogischen Handeln wird der Bestätigungstrieb des Menschen auf adäquate Weise gestillt. Resultate von dialogischen Beziehungen sind Lebendigkeit, Erneuerung und Kreativität. Diese Kraft liegt nach BUBERs Philosophie in der „Ur-Wirklichkeit zwischen einem Ich und einem Du" (ad-äquate und BUBERs; Schreibweise im Original) (Muth, C., ebd., S. 51).

Hier kommt durch den Begriff Urwirklichkeit noch einmal Bubers Zugang der Bildungsarbeit zum Menschen zum Ausdruck, wie bereits unter Kapitel 4 dieser Arbeit beschrieben:

> „Der wirklich zeitwahre, zeitgerechte Bildungsbegriff muß auf der Einsicht begründet sein, daß es, um irgendwo hinzugelangen, nicht genügt, auf etwas zuz u gehen, sondern daß man auch von etwas a u s gehen muß“ (zu z u, a u s ; Schreibweisen im Original; S.R.) (Buber, M., 2005, S. 279 f.).

Gemeint ist im Sinne Bubers ein transkultureller Stand, von dem aus der Mensch sich bildet bzw. bildungsbereit wird. Zugrunde liegt die Annahme, dass alle Erkenntnis, die dem Menschen widerfährt, bedingt ist durch dessen Biographie und dessen Bezug zur Welt, welcher in der jeweiligen Weltanschauung zum Ausdruck gebracht wird (vgl. Muth, C., 2011, S. 70).

> „BUBER fragt sich, wie eine bestimmte Anschauung die multikulturelle Welt integriert. Er geht davon aus, daß es unmöglich ist, die Welt „weltanschauungsfrei“ zu leben. Infolgedessen wird versucht, eine Weltanschauung zu vermitteln, die das Verhältnis zur Welt fördert, weil Weltanschauungen den Bezug zur Welt und zur Wirklichkeit verhindern können“ (BUBER; Schreibweise im Original; S.R.) (Muth, C. ebd., S. 70 f.).

Hier zeigt sich bereits die Begründung für ein weiteres Ziel dialogischen Handelns: die Erneuerung erstarrter Lebenspraxis.

> „Das Erreichen dieses Lehr- und Lernwegs, der monologisch übersetzt, eine „dialogische“ Bildungstheorie ist, steht in direktem Zusammenhang mit der in der Dialogik angelegten Erneuerung von Lebenspraxis. Die in jeder Bildungstheorie immanente Ideologie soll in der Dialogik mit der Bildungspraxis übereinstimmen“ (Muth, C. ebd., S. 70).[29]

[29] Muth weist an dieser Stelle explizit darauf hin, dass es sich dabei nicht um eine, wie von Rorty gegenüber Habermas und Apel kritisiert wurde, idealisierte ‚Traumtheorie‘ handle, sondern um die Verwirklichung eines ‚utopischen Sozialismus‘, der den Menschen in der Wirklichkeit gerecht wird.

Dialogik legt zugrunde, dass Lebenspraxis aus einer Vielfalt an Lebensformen besteht. Diese Vielfalt gilt es unablässig innerhalb zwischenmenschlicher Beziehungen zu bestätigen, damit sie lebendig bleiben und nicht erstarren. Diese Form der Selbsterneuerung bedarf der kreativen Kräfte und des Gewahrseins des Menschen.

In Zeiten, in denen der Mensch zum Objekt gerät, kann diese Erneuerung nicht stattfinden, da der Mensch zwar Erfahrungen macht, jedoch keine Bestätigung im Sinne personaler Erkenntnis erhält.

> „Zentriert eine Kultur nicht mehr im lebendigen, unablässig erneuten Beziehungsvorgang, dann erstarrt sie zur Es-Welt, [...]" (Richter, 2005, S.143[30]).

Bubers Anliegen der Bestätigung des Anderen durch uneingeschränkte Annahme desselben in der dialogischen Begegnung bestärkt hier nicht lediglich die Grundlagen dialogischen Handelns, sondern verdeutlicht noch einmal die menschliche Bedürftigkeit dieser Bestätigung im Hinblick auf die Offenheit und Unsicherheit seiner Existenz, da jeder Mensch ständig gefordert ist, Entscheidungen treffen zu können und zu *müssen*. Bestätigung im dialogischen Sinne macht Menschen frei für diese Notwendigkeit (vgl. Bohnsack, F., 2008, S. 11).

> „Nur wer Beziehung kennt und um die Gegenwart des Du weiß, ist sich zu entscheiden befähigt. Wer sich entscheidet, ist frei, weil er vor das Angesicht getreten ist" (Buber, M., 1984, S. 54).

[30] Dieses Zitat stammt von Buber selbst und wird von Richter rezitiert.

So sehr eine solche Haltung auf eine einfühlsame und liebevolle Zuwendung hindeutet, ist sie weder rein auf Gefühle zu reduzieren noch mit Liebe als gebotenem Gefühl zu verwechseln.

Vielmehr geht es Buber um eine liebevolle Hinwendung zum Menschen in dem Bewusstsein, dass dieser genauso ‚liebes- und auch liebes*tat*bedürftig' ist wie er selbst (vgl. Bohnsack, F., 2008, S. 12).

Dialogisches Handeln ist somit ein Ereignis zwischen Menschen, das diese im Ganzen umfasst und somit sowohl auf eine innere Einstellung angewiesen ist als auch von Gefühlen abhängig ist. Es beschreibt ein durch gegenseitige, gleichberechtigte Hinwendung geschehendes Innewerden der beteiligten Menschen im gegenwärtigen Augenblick (vgl. Muth, C., 2011, S. 69).

Auf dieser Erkenntnis beruht eine von Bubers kennzeichnenden Aussagen und ist besonders im Hinblick auf pädagogische Handlungsfelder interessant:

„Ich werde am Du; Ich werdend spreche ich Du. Alles wirkliche Leben ist Begegnung" (Buber, M. 1984, S. 15).

Keinem Menschen jedoch ist es möglich, dauerhaft in einer echten Ich-Du-Haltung zu verweilen. Dennoch ist er frei, auf ein Angesprochen- oder Berührtsein innerhalb einer solchen Begegnung auch außerhalb dieser zu antworten (vgl. Bohnsack, F., 2008, S. 22).

„Alle Antwort bindet das Du in die Eswelt ein" (Bohnsack, F., 2008, S. 22[31]).

Aus diesem Verständnis von gegenseitiger Hinwendung, von Sosein und Werden und dessen, was aus der Ich-Du-Begegnung in der Ich-Es-Beziehung fortwirkt, lässt sich Bubers Verantwortungsbegriff ableiten, der auch und gerade für die pädagogischen Handlungsfelder relevant ist.

Betrachtet aus der pädagogischen Perspektive setzt Bildung in dialogischer Haltung einen personalen Charakter des Lernraums voraus.

> „Es geht um die Förderung der Entwicklung von Personalität und damit zusammenhängend um Verantwortung. Für Buber ist Verantwortung gleich der Antwort auf ein angesprochen-Werden" (Röben, S., 2015, S. 123).

Verwirklichen PädagogInnen das dialogische Prinzip, erfüllen sie durch dialogisches Handeln pädagogische Verantwortung. Ziele und Handlungen stimmen dann überein.

6.1.2 Anthropologische Voraussetzungen dialogorientierten pädagogischen Handelns

Dialogphilosophisch orientiertes Pädagogisches Handeln basiert auf zwei bestehenden anthropologischen Voraussetzungen: einem Urhebertrieb und einem Verbundenheitstrieb des Menschen (vgl., Muth, C. 2011, S. 95).

Dieser Voraussetzungen sind sich dialogorientierte PädagogInnen bewusst und gestalten ihr Handeln entsprechend nach der Ansicht, dass

---

[31] Dieses Zitat stammt von Buber selbst und wird von Bohnsack rezitiert.

Menschen aktiv an der Entstehung bzw. Herstellung von Dingen teilhaben wollen (vgl. Muth, C. ebd. S. 95).

Anders ausgedrückt:

> „Den Urhebertrieb betrachten sie (die dialogorientierten PädagogInnen; S.R.) als Bedingung für den Willen des Menschen zum eigenständigen Handeln. Menschen wollen aktiv sein [...]“ (Muth, C. ebd., S. 95).

Für Buber besteht in der ausschließlichen Orientierung an den schöpferischen Kräften des Menschen jedoch eine Art anthropologische Einseitigkeit. Für ihn bedarf es neben der Anerkennung des Urhebertriebes der pädagogischen Hinwendung zur Entfaltung des Verbundenheitstriebes des Menschen. Hier wird noch einmal deutlich, wie wesentlich die grundlegenden Merkmale der Ich-Du-Beziehung im dialogorientierten Erziehungsprozess bzw. Erwachsenenbildungskontext sind (vgl. Werner, H.-J., 1994, S. 105).

> „>>Hinwendung<<, >>Bestätigung<<, >>Anerkennung von Anderheit<<, >>Gegenseitigkeit<< [...] [kennzeichnen als; S.R] Begriffe [...] sowohl die Haltungen, mit denen der Erzieher selbst den ihm Anvertrauten gegenübertreten soll, als auch die Richtungen, die die Kinder [Erwachsenen; S.R.] einschlagen sollen“ (Werner, H.-J. ebd., S. 105).

Dialogorientierte PädagogInnen befassen sich entsprechend nicht lediglich mit dem kreativen Schaffensprozess, sondern gleichwohl mit der ‚zwischenmenschlichen Reaktion‘ auf die vollzogene Aktivität des jeweiligen Gegenübers. Es geht um die Wahrnehmung des innerhalb dieses

Schaffensprozesses vorhandenen ‚Selbstausdrucks' des Menschen (vgl. Muth, C., 2011, S. 95).

> „Hierin begründet sich das zwischenmenschliche pädagogische Verhältnis. Dialogorientierte PädagogInnen wollen den Menschen Bestätigung geben, die das Produkt nicht geben kann, weil der Mensch allein Ur-heber bzw. Ur-heberin ist. Der Mensch begegnet während der Produktion mit seinem Werk der Welt, aber er begegnet dem Menschen nicht. Folglich unterstützen PädagogInnen die schaffenden Menschen und bieten ihnen das dazugehörende Ich-Du an […]" (Muth, C. ebd., S.95).

Mit anderen Worten steht nicht das produktorientierte Lernen, sondern der damit einhergehende Verbundenheitstrieb im Mittelpunkt dialogorientierter pädagogischer Praxis.

> „Insbesondere die Zielsetzung und die Suche nach dem Richtigen ist von der Kritik und Anleitung der PädagogInnen abhängig. Gefahr besteht beispielsweise darin, wenn Pädagoginnen dem Schaffen mit der Wertung eines Alleinrichtigen begegnen. Dies führt den Menschen in eine resignative oder rebellische Haltung. Die im pädagogischen Feld Handelnden wissen darum, daß jeder Mensch seinen Lebenssinn finden muss […]. Deswegen unterstützen sie die Lernenden darin, Mut und Vertrauen zu sich selbst zu haben" (Muth, C. ebd., S. 95 f.).

Dies verdeutlicht noch einmal die Gegenseitigkeit pädagogischen Geschehens und bestätigt, dass sowohl Lernende als auch Lehrende als jeweils eine Seite eines Lern- bzw. Lehrvorgangs zu betrachten sind (vgl. Muth, C. ebd., S. 96).

> „Die von der Freiheitstendenz bestimmte moderne Pädagogik verkennt in ihrer Theorie die Bedeutung dieser anderen Hälfte, wie die von der

Autoritätsgewohnheit bestimmte alte die Bedeutung der ersten Hälfte verkannte" (Buber, M., 2005, S.141).

Dialogorientierte PädagogInnen wirken durch ihr wahres Subjekt auf ihr lernendes Gegenüber und wählen diesbezüglich verantwortungsbewusst aus der auf den Menschen wirkenden Umwelt selbst aus. Dieser Prozess beschreibt eine ‚absichtsvolle Begegnung' und fordert eine entsprechende Haltung der Lehrenden, quasi eine erzieherische Handlung so zu vollziehen, als fände sie nicht statt (vgl. Muth C. mit Bezug auf Buber, 2011, S. 96).

Dies führt zu einer Auseinandersetzung mit der pädagogischen Identität professionell Handelnder.

6.1.3 Pädagogische Identität und Handlungsfähigkeit

Dialogorientierte PädagogInnen entwickeln ihre Grundhaltung laut Muth zunächst aus der dialogphilosophischen Erkenntnis dessen, was ein echter Dialog bewirkt, und sind sich somit der sozialen Wirkung ihres professionellen Handelns bewusst.

Dies setzt eine Zuwendung zur eigenen Biographie voraus, um sich des personalen Ichs gewahr zu werden und eine Fähigkeit zur Selbstreflexion zu entwickeln (vgl. Muth, C., 2011, S. 142).

In diesem Prozess geht es im Besonderen um die Erfahrung, dass und auf welche Weise die eigene Identität durch Wahrnehmung und Handeln bestimmt wird, und um diesbezügliche Auswirkungen auf transkulturelle Lernvorgänge (vgl. ebd., S. 143).

Dies bedeutet ebenso, dass sie für sich selbst klären von wo aus sie auf was zugehen wollen und wem gegenüber sie sich zu verantworten haben. Sie möchten innerhalb pädagogischer Praxis so viel Zwischenmenschlichkeit wie möglich verwirklichen, wobei sie personale Grenzen uneingeschränkt anerkennen, da dialogische Beziehungen nur zwischen Menschen möglich sind, die das einzigartige Selbst gegenseitig akzeptieren. Auf beiden Seiten gilt es leibsinnliche Erfahrungsgrenzen bezüglich zwischenmenschlicher Dynamik zu respektieren. Die Grundannahme der Dialogik, dass jeder Mensch dialogfähig ist, bedeutet noch nicht, dass er dafür offen ist (vgl. ebd., S. 67 und 71).

Dialogfähigkeit geschieht in der echten Begegnung des Ich-Du. In der gegenwärtigen Teilnahme von Mensch zu Mensch und der gegenseitigen Bestätigung des jeweiligen Selbst erfahren Menschen eine ontologische Sicherheit[32] (vgl. ebd., S. 85).

Für das unvoreingenommene Eintreten in Prozesse geschehender Wirklichkeit, die aufgrund nicht erkennbarer Struktur kaum materialisierbar sind und daher für den Menschen ebenso wenig kontrollierbar sind, benötigt der Mensch Vertrauen. Dialogisch geschieht dies durch eine Begegnung eines Ich in seinem personenhaften Sosein mit einem ebenbürtigen Ich (vgl. ebd., S. 50).

---

[32] „Der Ausdruck>>ontologische Sicherheit<< bezieht sich auf das Zutrauen der meisten Menschen zur Kontinuität ihrer Selbstidentität und zur Konstanz der sie umgebenden sozialen und materialen Handlungsumwelt" (Giddens, A., 2017, S. 118). Gemeint ist ein Gefühl von Sicherheit bezüglich der Zuverlässigkeit von Personen sowie der dinglichen Umwelt, ähnlich dem Vertrauensbegriff (vgl. ebd., S. 118).

Dialogorientierte PädagogInnen entwickeln aus diesem Bewusstsein Haltung und Handlung und treten in *personhafter* Verantwortung an ihnen anvertraute Menschen heran (vgl. Röben, S., 2015, S. 129).

6.2 Dialogorientierte Pädagogik in der Wissensgesellschaft

Dialogisch orientierte PädagogInnen erkennen laut Muth in den sich wandelnden Bedingungen einer modernen Gesellschaft eine Zunahme von Ich-Es-Beziehungen.

Diesen Zustand beschreibt Buber als eine „Krise des Zwischen". Teils bedingt durch das zunehmende Ausmaß an Erfahrungen mit einer eher gegenständlichen Welt, kommt es zu einer Abnahme transzendenter Erlebnisse im Sinne zwischenmenschlicher Beziehungen. Aus dieser Situation kann der Mensch im Sinne Bubers keine Zuversicht gewinnen (vgl. Muth, C., 2011, S. 72).

Auf diesen Zustand antworten PädagogInnen mit ihrer dialogischen Praxis indem sie vermitteln, Beziehungen zu *leben*. Durch das Eintreten in die zwischenmenschliche Beziehung (Bubers Ich-Du) nehmen und geben sie Verantwortung.

> „Ihre Antworten auf die Welt, auf ihre Mitmenschen und auf die Offenheit der Zukunft oder transzendente Haltung zu einem ewigen Du spielen eine entscheidende Rolle für die Bildungspraxis. Ihr pädagogisches Verantworten gegenüber dem Leben wird Lehre und realisierende Handlung ihrer Bildungstheorie, deren Ideologie eine lebenspraktisch transzendente Haltung ist" (Muth, C. ebd., S. 71).

In diesem Sinne handeln PädagogInnen dialogisch, indem sie die Lernenden in ihrer Weltverbundenheit annehmen, so wie sie sich selbst als weltverbunden wahrnehmen, was sie zeitgleich des Anspruchs auf Vollkommenheit enthebt. Durch Kontakt im Sinne von Berührung mit dem Selbst finden sie Antworten auf ihr Sein und Handeln und nehmen diese Antworten als eine Haltung mitmenschlicher *Ver*antwortung ein (vgl. ebd., S. 71 ff.).

Erst, wenn aus Erkenntnis Zuversicht wird, wächst aus Vertrauen neue Verantwortung.

7 Abschließende Betrachtung

Entlang der Erkenntnisse und Argumentationen dieser Arbeit kann Bildung nicht losgelöst von Prozessen der Beziehung des Menschen zu anderen Menschen und zu sich selbst definiert werden. Dies bedeutet *nicht*, ökonomische Ziele, Effekte und Gedanken aus dem Bildungsprozess zu verbannen, sondern die damit verbundenen Herausforderungen an den Menschen ebenso in den Fokus zu bekommen wie die Anforderungen eines ‚Risikoprofils der Moderne' überhaupt (Giddens, A., 2017, S.156).

Es geht um die Befähigung des Menschen zur Bewältigung dieser Herausforderungen trotz oder gerade durch Bewusstseins-Bildung und Bestätigung der persönlichen Identität. Bildung im Sinne von Dialogik, so eine Erkenntnishypothese dieser Arbeit, kann ein Zugang sein, der keinen Bereich menschlicher und damit gleichermaßen gesellschaftlicher Herausforderungen und Bedürfnisse vernachlässigt. Wissen zu vermitteln und Resilienz zu fördern, muss nicht im Widerspruch zueinander stehen.

7.1 Zur bewussten Deklination wissenschaftlicher Haltungen

Bubers Dialogphilosophie bietet einen vorstellbaren Zugang zum Erhalt subjektiver Handlungsfähigkeit innerhalb risikobehafteter Gesellschaftszustände.

Der Dialogansatz bietet zeitgleich eine Basis zur Bewältigung globaler Herausforderungen und Risiken, auch auf politischer Ebene. Diesen fruchtbar zu machen für entsprechende Handlungsfelder, sollte ebenfalls Anspruch sozialwissenschaftlicher Theoriebildung und praktischer Umsetzung sein.

Der Beitrag, den pädagogisch tätige MultiplikatorInnen insbesondere in der inter- und transkulturellen Bildung diesbezüglich leisten können ist bisher jedoch theoretisch untererforscht, was angesichts aktueller gesellschaftlicher und politischer Bedingungen durchaus ein signifikantes Versäumnis darstellt.

Dialogisches Denken im Sinne einer praktischen Ethik kann beim Menschen ein „[…] besinnendes Realverhältnis zum Sein […]" (Muth, C., 2011, S. 45) erzeugen, welches ohne das Angebot konkreter Lösungen auskommt. Dabei ist es wichtig, wie in Kapitel 6.1 bereits herausgestellt wurde, sich der eigenen Haltung gegenüber professionellen Erkennens bewusst zu werden. Im dialogischen Sinne bedeutet dies anzuerkennen, dass professionelle Erkenntnis nicht ohne ein *In-Berührung-Sein* auskommt (vgl., Muth, C. und Nauerth, A., 2008, S. 19).

> „In dieser Hinsicht geht man in der Dialogphilosophie davon aus, dass wissenschaftliche Methoden nur begrenzt soziale Wirklichkeit und deren Wahrheit wiedergeben können, weil sich das Erfahren der Wahrheit vom wahren Erfahren des Lebens unterscheidet.
>
> Als lebensweltbezogener Erkenntnisprozess charakterisiert diese Wahrnehmungshaltung das Einbeziehen des/der Anderen, des Gegenübers, und praktisch vollzieht sie sich indem Erkenntnissuchende und Erkenntnisgegenstand übereinstimmen, ohne im Prozess fixiert zu werden" (Muth, C. und Nauerth, A. ebd., S. 19).

Jüngere methodische Ansätze der qualitativen Sozialforschung wie beispielsweise der Zugang über ‚Cultural Probes'[33], je nach Kontext auch in Kombination mit dem narrativen Interview[34], bieten sich in diesem Sinne dialogorientiert in mehrfacher Begründung an: Ausgehend von Problemen oder Hinderlichkeiten subjektiver Handlungsfähigkeit eignet sich diese Methode einerseits zur wissenschaftlichen Darstellung und *Anerkennung* von diesbezüglicher Vielfältigkeit.

Zeitgleich geschieht der Dialog bereits durch die uneingeschränkte Partizipation der Beforschten in Einklang mit einer bewusst zurückhaltenden Bewertung durch die Forschenden.

Die unmittelbare Beteiligung am Explorationsprozess bringt den Menschen in Kontakt mit sich selbst. Verborgene Handlungsmotive können auf diese Weise ohne intervenierende Fremdhinweise aufge*spürt* werden.

---

33 *Cultural Probes*: Explorative Methode, die erstmals in den 1990er-Jahren in England von Gaver und dessen Forschungsteam in anwendungszentrierten Designkontexten eingesetzt wurde. Laut Gaver et al. (2004) sind *Cultural Probes* eine Zusammenfassung sogenannter *Probekits*. Gemeint ist ein Pool zu erfüllender Aufgaben mit aktivierender Motivation bzw. Provokation. Das Entscheidende ist, dass die Beteiligten zu Antworten und Erkenntnissen inspiriert werden können, die keiner vorangegangenen Prognose entsprechen (Vgl. Reisas, S., Schaller, R., Allert, H., Richter, C. und Lehmhaus, F.W., 2011).

34 *Das narrative Interview* von Schütze, F. und dessen Mitarbeitenden entwickeltes Verfahren in Anlehnung an die interpretative Sozialforschung mit dem Ziel der Rekonstruktion von Sinnherstellung und handelnder Umsetzung aus der Perspektive des Subjekts (vgl. Schütze, Fritz: *Biographieforschung und narratives Interview*. In: Neue Praxis, Kritische Zeitschrift für Sozialarbeit und Sozialpädagogik, Heft 13, 1983, S. 283-293. .S. 283-293, unter: https://nbn-resolving.org/urn:nbn:de:0168-ssoar-53147. Zuletzt geprüft am 24.03.2020 und Jakob, Gisela: *Biographische Forschung mit dem narrativen Interview*. In: Friebertshäuser, B., A. Langer und A. Prengel, 2010, S. 219-223).

Ein solcher Prozess wissenschaftlicher Forschung gleicht dem Anspruch einer dialogischen Hermeneutik im Sinne Bubers.

> „Dabei geht BUBER davon aus, daß Erkennen durch die Akzeptanz der eigenen Subjektivität möglich ist. In der dialogischen Hermeneutik sind WissenschaftlerInnen keine „unberührten Betrachter“ (PM 316), sondern formulieren im Gegenteil aus ihrer konkreten Lebenspraxis heraus authentische soziale Gedanken. Wesentliche Wirkungskraft ist u. a. die Intuition der WissenschaftlerInnen“ (Klammersetzung im Original) (Muth, C., 2011, S. 31).

Dies führt zu der Annahme, dass Erkenntnis losgelöst von personaler Beteiligung der erkennenden Person kaum ausreicht, um gesellschaftliche Veränderungskräfte zu aktivieren. Erst die Teilhabe an der offenbarten Wirklichkeit begründet die Verantwortung von WissenschaftlerInnen an deren Erkenntnissen innerhalb konkreter Subjekt-Objektbeziehungen (vgl. Muth, C. ebd., S. 31).

Bei allem Praxisbezug ist dialogorientierte Pädagogik nicht ohne Theorie zu denken. Die Erfassung komplexer Realität fußt auf Wissenschaft als Mittel zur Analyse und Erkenntnis. Es geht um die Notwendigkeit eines distanzierten Blickes auf pädagogische Wirklichkeit und damit um die Möglichkeit, Erscheinungen außerhalb praxisbezogener Settings ebenso wahrzunehmen (vgl. Muth, C. ebd., S. 198).

Im Sinne von Bubers Epistemologie dialogischen Handelns können sich PraktikerInnen

> „[…] sowohl ihren Erfahrungen und Wahrnehmungen als auch dialogisch konstruierten Theorien über die Wirklichkeit anvertrauen. Der Erkenntnisprozeß könnte in sofern der gleiche sein, als realistische Theorien wie reflektierte

> Erfahrungen geistige Phänomene sind, die dem transkulturellen Bewußtsein und Handeln einen Sinn geben. Bedingung hierfür ist jedoch eine Wissenschaft, die im dialogischen Erkennen dualistisches Denken als Konstrukt überwinden und innovative konstruktive Denkformen aufbauen will" (Muth, C. ebd., S. 198).

Bezugnehmend auf die Frage des Erkenntnisinteresses dieser Arbeit bedeutet dies eine Überwindung der dualistisch geprägten, ökonomisch angelegten Denkweise einer wissenschaftlich konstruierten Wirklichkeit und damit die Zuwendung zu einer Wissenschaft, die ‚konstruktives Denken als Widerstandskraft' gegenüber gesellschaftlicher risikobehafteter Herausforderungen ist (vgl. ebd., S. 198).

7.2 Zurück in die Gegenwart

Die Herausforderungen aktueller gesellschaftlicher Prozesse stellen pädagogisches Handeln vor eine Verantwortung, die eine pluralistische Wahrnehmung und deren Akzeptanz zulassen kann. Die Vielfalt konstruierter Formen von Lebenswirklichkeit ist in diesem Sinne nicht lediglich zu berücksichtigen, sondern angesichts der globalen Ausweitung gesellschaftlicher Angelegenheiten nicht zu übergehen.

Eine ökonomisch geprägte Denkweise steht hier in einem zweifachen Widerspruch zu einer dialogischen Haltung im Sinne der Übernahme globaler Verantwortung. Zum einen, da sie auf Zukunftsprognosen setzt, die neben einer gewissen Störanfälligkeit durch variable Unbekannte möglicherweise den Blick auf die Zukunft selbst verklären, wenn nicht sogar Zukunft als *Geschehenlassen* von Wirklichkeit als solches verstellen.

Zum anderen, weil sie den Dialog durch ihre zweckdienliche Ausrichtung verhindert und damit den Selbstzweck des Subjekts nicht anerkennt.

Vor diesem Hintergrund führt die Beantwortung der Frage, ob eine Sozialdemokratie ohne unvoreingenommene, von aufrichtigem Interesse gekennzeichnete Beziehungen überhaupt aufrecht zu erhalten ist, zu der Erkenntnis, dass Demokratie Dialoge braucht, will sie Machtmissbrauch verhindern und echte Begegnung auf Augenhöhe zulassen.

Dialogorientierte Pädagogik betrachtet Subjekte als verantwortlich für die Weltsituation. Dadurch kommt ihr im Kontext von Erwachsenenbildung die Aufgabe zu, ein gesellschaftliches Standhalten gegenüber den risikobehafteten Anforderungen zu gewährleisten. Gemeint ist hier die Bereithaltung eines Handlungsentwurfs, der auf ein Standhalten durch die Entwicklung sozialer Identitätsfindung und globaler Verantwortung zielt (vgl. Muth, C. 2011, S. 187).

Demgegenüber steht eine Definition von Bildung, die einen wertschätzenden Umgang mit Informationen erwartet, die handlungsrelevant sind, um Bedürfnisse zu befriedigen, die der Mensch selbst geschaffen hat. Dies kann unter anderem zu einer stigmatisierenden Form von Homogenität führen, da, losgelöst jedweder personaler Voraussetzungen, die Verantwortung für ein gelingendes Leben beim Subjekt selber liegt. Was unter einem gelingenden Leben zu verstehen ist, wird im Kontext ökonomisch fokussierter Bildung fremdbestimmt an das Subjekt herangetragen (vgl. Röben, S., 2015, S. 135 f.).

Dialogisches Denken definiert gelingendes Leben hingegen als eine Form erkennenden Handelns, die fortwährend etwas Neues im sozialen Leben schafft, das von den Menschen verstanden werden kann. Hierin bestätigt sich das Menschenbild der Dialogik:

> „Der Mensch *wird* in der sozialen Interaktion. Er/sie ist ein/e *Werdende/r. Sein/ihr „Ich-in-der-Welt“* deutet und entwickelt ein eigenes Verstehen des zwischenmenschlichen Seins“ (Muth, C. und Nauerth, A., 2008, S. 19).

Diese Wahrnehmung zwischenmenschlicher Begegnung sichert nicht lediglich die Vielfalt von Lebensformen, sondern impliziert die Unmöglichkeit einer Funktionalisierung dieses Vorgangs, da der Mensch von sich aus bereit sein muss, seine eigenen Bedürfnisse zu erkennen und anzuerkennen, und daraus ableitend seinen Lebensweg gestalten möchte.

Für die Auseinandersetzung mit alltagserleichternden Technologien ist dieser Aspekt bedeutsam. Zum einen geht es um die Klärung von Verantwortung. Die Frage nach der Möglichkeit, Sozialität algorithmisch zerlegen zu können, um beispielsweise Roboter zu programmieren, ist zunächst abhängig von der menschlichen Interpretation von Sozialität.

Es geht im Kontext von Bildung und demokratischen Prozessen nicht mehr allein um die Frage, wer wir sein wollen: *Anpassungs-Opfer* oder aktiv und verantwortungsbewusst Gestaltende von Gegenwart. Es geht ebenso darum, sich der eigenen Identität gewahr zu werden hinsichtlich der Möglichkeit einer distanzierten Perspektive auf technologische Entwicklungen.

Auch und gerade unter der Prämisse demokratischer gesellschaftlicher Abstimmung in bewusster Verantwortung kann dialogisch orientierte Pädagogik ein Zugang sein, deren Wirkung möglicherweise wissenschaftlich nicht eindeutig zu belegen sein wird.

Jedoch konnte die bisherige eher analytisch angelegte Erforschung pädagogischer Praxis nicht verhindern, dass an die Stelle von (Vorhanden-) Sein Verfügbarkeit getreten zu sein scheint.

Hier zeigen sich die Aktualität, jedoch ebenso Grenzen einer Dialogik im Sinne Bubers: Buber hat einerseits frühzeitig ein Problem formuliert, dessen Auswirkungen analytisch erst in den folgenden Jahrzehnten deutlich erfasst wurden und die sich in den exemplarischen Beschreibungen gesellschaftlicher Zustände spiegeln.

Eine entsprechende Lösung bietet er nicht an. Buber setzt hier im Grunde lediglich auf die Zuversicht innerer Auflehnung gegen kollektivierte Einsamkeit durch Gemeinschaft stiftende Beziehungen authentischer Begegnungen. Dies löst jedoch möglicherweise ebenso wenig wie bisherige politische oder philosophische Zugehensweisen die Problematiken einer globalen Organisation von Gesellschaft und ‚Erdbewirtschaftung' (vgl. Werner, H.-J., 1994, S. 102 f.).

Dennoch gilt es, das dialogische Prinzip im Hinblick auf den einzelnen Menschen und seiner Bedeutung, auch hinsichtlich dessen, was es bedeutet, Mensch zu *sein,* wahrzunehmen.

Echte Gemeinschaft im Sinne Bubers findet dort statt, wo Menschen einander durch dialogische Begegnungen über ihre Selbstbezogenheit hinauswachsen und dadurch zur Person werden (vgl. Muth, C., Heft 1-2005, S. 28-31 und S. 50 f.).

> „Dies gelingt ihm [dem Menschen; S.R.] nur über die Anerkennung seiner existentiellen Situation […]. Insbesondere der Zustand der Angst und der Prozess der Vereinsamung treiben den Menschen in den Individualismus oder in den Kollektivismus. Gibt der Mensch im letzteren sein Selbst auf, verneint er im ersten sein Bindungsbedürfnis" (Muth, C. ebd.).

Es ist Aufgabe der Pädagogik als Wissenschaft und Praxis hinsichtlich gemeinschaftlicher Verhältnisse innerhalb gesellschaftlicher Strukturen Achtsamkeit zu bewahren und ‚gelingendes Leben' in Verwirklichung zu ermöglichen.

Der echte Dialog kann hier ein Weg sein, der wesensbedingt ohne Lösungsversprechen und den Anspruch auf Gemeingültigkeit auskommt, und dennoch geeignet ist, ein Gleichgewicht gegenüber dem Auswuchs komplexer Systeme zu bewirken.

8 Bibliographie

Bischof, Andreas: *Soziale Maschinen bauen. Epistemische Praktiken der Sozialrobotik.* Bielefeld 2017, transcript Verlag.

Bohnsack, Fritz: *Martin Bubers personale Pädagogik.* Bad Heilbrunn 2008, Julius Klinckhardt Verlag.

Brozio, Peter: *Vom pädagogischen Bezug zur pädagogischen Beziehung: soziologische Grundlagen einer Erziehungstheorie.* Würzburg 1995, ERGON Verlag.

Buber, Martin: *Reden über Erziehung.* 11. Auflage Gütersloh 2005, Lambert Schneider/Gütersloher Verlagshaus.

Buber, Martin: *Ich und Du.* Stuttgart 1995, Reclam Universal Bibliothek Nr. 9342.

Buber, Martin: *Das dialogische Prinzip.* Heidelberg 1984, Lambert Schneider GmbH Verlag.

Buber, Martin: *Schriften zu Jugend, Erziehung und Bildung.* Werkausgabe,1. Auflage, Gütersloh 2005, Gütersloher Verlagshaus.

Burow, Olaf-Axel: *Mit Rezepten aus der Wirtschaft das Bildungswesen heilen?-oder: Gibt es eine „neue Reformpädagogik"?* In: Krüger, Heinz-Hermann, Olbertz, Jan Hendrik (Hrsg.): *Bildung zwischen Staat und Markt*; S. 641-662, Opladen 1997, Leske und Budrich Verlag.

Ehrenberg, Alain: *Das erschöpfte Selbst: Depression und Gesellschaft in der Gegenwart.* A. Auflage,Frankfurt am Main 2008, Suhrkamp Verlag.

Fohrmann, Oliver: *Im Spiegel des Geldes.* Bielefeld 2016, transcript Verlag.

Geiselberger, Heinrich: *Vorwort.* In: Geiselberger, Heinrich (Hrsg.): *Die große Regression*, S. 7-16, 1. Auflage, Berlin 2017, Suhrkamp Verlag.

Gertenbach, Lars und Mönkeberg, Sarah: *Lifelogging und vitaler Normalismus, Kultursoziologische Betrachtungen zur Neukonfiguration von Körper und Selbst.* In: Selke, Stefan (Hrsg.): *Lifelogging: Digitale Selbstvermessung und Lebensprotokollierung zwischen disruptiver Technologie und kulturellem Wandel*, S. 25-43,Wiesbaden 2016, Springer Fachmedien Verlag.

Giddens, Anthony: *Konsequenzen der Moderne.* 8. Auflage 2017, Frankfurt am Main, Suhrkamp Verlag.

Han, Byung-Chul: *Müdigkeitsgesellschaft.* 1. Auflage, Berlin 2010, Matthes Seitz Verlag (Fröhliche Wissenschaft).

Heid, Helmut: *Aufstieg durch Bildung? Vernachlässigte Bedingungen der Realisierung.* In: Keiner, Edwin und Welter Nicole et al. (Hrsg.): *Metamorphosen der Bildung. Historie-Empirie-Theorie*, S. 67-84, Bad Heilbrunn 2011, Klinkhardt Verlag.

Krämer, Tanja: *Kommt die gesteuerte Persönlichkeit?* In: Spektrum der Wissenschaft Spezial: *Physik-Mathematik-Technik.* Online-Ausgabe 2/2015, S. 40-47.

Krautz, Jochen: *Ware Bildung. Schule und Universität unter dem Diktat der Ökonomie.* 4. Auflage, München 2014, Diederichs Verlag.

Kühn, Rudolf M.: *Querdenker in der Pädagogik.* Frankfurt am Main 2012, Peter Lang GmbH Verlag.

Lange, Hendrik: *Determinanten der Demokratiezufriedenheit- Einfluss ökonomischer Faktoren auf die politische Kultur in der BRD.* Wiesbaden 2018, Springer Fachmedien Wiesbaden GmbH Verlag.

Liessmann, Konrad Paul: *Theorie der Unbildung.* 4. Auflage, München 2010, Piper Verlag.

Lohmann, Ingrid: *After Neoliberalism – können nationale Bildungssysteme den ‚freien Markt' überleben?* In: Lohmann, Ingrid und Rilling, Rainer (Hrsg.): *Die verkaufte Bildung. Kritik und Kontroversen zur Kommerzialisierung von Schule, Weiterbildung, Erziehung und Wissenschaft. Deutsche Gesellschaft für Erziehungswissenschaft; Konferenz "Die Privatisierung des Bildungsbereichs - Eigentum und Wertschöpfung in der Wissensgesellschaft"; Kongress der Deutschen Gesellschaft für Erziehungswissenschaft; Symposium "Entlassen Wir Schulen und Hochschulen in die Freiheit" - Neoliberalisierung, Privatisierung, Abschaffung Öffentlicher*

Bildung: Globale und Regionale Trends, S. 89-108, Opladen 2002, Leske und Budrich Verlag.

Masschelein, Jan und Simons, Maarten: *Jenseits der Exzellenz- Eine kleine Morphologie der Welt-Universität*. Zürich 2010, diaphanes Verlag.

Masschelein, Jan und Simons, Maarten: *Globale Immunität*. Zürich 2012, diaphanes Verlag.

Muth, Cornelia: *Erwachsenenbildung als transkulturelle Dialogik*. 2. Auflage, Schwalbach/Ts 2011, Wochenschau Verlag.

Muth, Cornelia und Nauerth, Annette: *Dialog und Diagnostik*. Wien 2008, Facultas Verlags- und Buchhandel AG.

Pongratz, Ludwig A.: *Sackgassen der Bildung: Pädagogik anders denken*. Paderborn 2010, Schöningh Verlag.

Richter, Matthias: *Verstehen und Beziehung in der Psychotherapie. Das Wesen der Empathie und deren Erfassungsversuche in der Psychotherapieforschung. Diplomarbeit*. Heidelberg 2005, Deutsche Nationalbibliothek.

Röben, Silvia: *Charakter und Bildung*. In: Muth, Cornelia (Hrsg.): *Grenz-Räume dialogischer Bildung: Zwei Denkbewegungen*. (Dialogisches Lernen 18), S. 95-141, Stuttgart 2015, ibidem Verlag.

Selke, Stefan (Hrsg.): *Einleitung*. In: *Lifelogging: Digitale Selbstvermessung und Lebensprotokollierung zwischen disruptiver Technologie und kulturellem Wandel*, S. 1-21,Wiesbaden 2016, Springer Fachmedien Verlag.

Stieglitz, Thomas: *Neuroimplantate.* In Spektrum der Wissenschaft Spezial:*Physik-Mathematik-Technik.* Online-Ausgabe 2/2015, S. 6-13.

Thompson, Christina: *Diesseits von Authentizität und Emanzipation. Verschiebungen kritischer Erziehungswissenschaft zu einer ,kritischen Ontologie der Gegenwart.* In: Ricken, Norbert und Rieger-Ladich, Markus (Hrsg.): *Michel Foucault: Pädagogische Lektüren*, S. 39-56,1. Auflage, Wiesbaden 2004, VS Verlag für Sozialwissenschaften/GWV Fachverlage GmbH.

Van Reybrouck, David: *Lieber Präsident Juncker.* In: Geiselberger, Heinrich (Hrsg.): *Die große Regression*, S. 275-292, 1. Auflage, Berlin 2017, Suhrkamp Verlag.

Werner, Hans-Joachim: *Martin Buber,* Frankfurt am Main [u.a.] 1994, Campus Verlag.

Wimmer, Michael: *Bildungsruinen in der Wissensgesellschaft – Anmerkungen zum Diskurs über die Zukunft der Bildung.* In: Lohmann, Ingrid und Rilling, Rainer (Hrsg.): *Die verkaufte Bildung. Kritik und Kontroversen zur Kommerzialisierung von Schule, Weiterbildung, Erziehung und Wissenschaft. Deutsche Gesellschaft für Erziehungswissenschaft; Konferenz "Die Privatisierung des Bildungsbereichs - Eigentum und Wertschöpfung in der Wissensgesellschaft"; Kongress der Deutschen Gesellschaft für Erziehungswissenschaft; Symposium "Entlassen Wir Schulen und Hochschulen in die Freiheit" - Neoliberalisierung, Privatisierung, Abschaffung*

Öffentlicher Bildung: Globale und Regionale Trends, S. 45-68, Opladen 2002, Leske + Budrich Verlag.

8.1 Internetquellen

Autorengruppe Bildungsberichterstattung: Baethge, Martin; Döbert, Hans; Füssel, Hans-Peter; Hetmeier, Heinz-Werner; Klieme, Eckhard; Rauschenbach, Thomas; Rockmann, Ulrike; Wolter, Andrä: *Bildung in Deutschland 2018*. **Unter:** https://www.bildungsbericht.de/de/bildungsberichte-seit-2006/bildungsbericht-2018/pdf-bildungsbericht-2018/bildungsbericht-2018.pdf. Zuletzt geprüft am 28.09.2019.

Autorengruppe Bologna-Erklärung: Ade, Jan; Allegre, Claude; Arsenis, Gherassimos; Blackstone, Baroness Tessa; Bladh, Agneta; Catenhusen, Wolf-Michael; Einem, Caspar; Erdsiek-Rave, Ute; Galea, Louis; Grilo, Eduardo Marçal; Fernandez Diaz, D. Jorge; Ftacnik, Milan; Marga, Andrei; Hennicot-Schoepges, Erna; Hermans, Loek; Kiss, Adam; Kleiber, Charles; Kokek, Tatiana; Lukas, Tonis; Lilletun, Jon; Totomanova, Anna Mmia; Platelis, Kornelijus; Rask, Maija; Schmit, Gerard; Sigurdardottir, Gudridur; Vestager, Margrethe; Winkler, Wilibald; Zecchino, Ortensio; Zeman, Eduard; Zgaga, Pavel: *Bologna Erklärung*. **Unter:** https://www.bmbf.de/files/bologna_deu.pdf. Zuletzt geprüft am 28.09.2019.

Benedikter, Roland: *Homo Deus? Das Zusammenwachsen von Mensch und Maschine in Analysen und Argumente. Ausgabe 270*. Juli 2017.

Unter: https://www.kas.de>kas_49696-544-1-30. Zuletzt geprüft am 28.09.2019.

Grobe, Thomas G.; Steinmann, Susanne; Szecsenyi, Joachim: *Barmer-Arztreport 2018. Band 7.* **Unter:** https://www.barmer.de/blob/144368/08f7b513fdb6f06703c6e9765ee9375f/data/dl-barmer-arztreport-2018.pdf. Zuletzt geprüft am 28.09.2019.

Hummrich, Merle: *Studie: Globale Verantwortung, Internationalisierung und Interkulturalität (GLOBIS).* **Unter:** https://www.bosch-stiftung.de/de/projekt/studie-globale-verantwortung-internationalisierung-und-interkulturalitaet-der-schule-globis. Zuletzt geprüft am 08.06.2019.

Kommission der Europäischen Gemeinschaften (Hrsg.): *Das intellektuelle Potential Europas wecken: So können Universitäten ihren vollen Beitrag zur Lissabonner Strategie leisten. KOM (2005) 152 endgültig.* Brüssel 2005. **Unter:** https://eur-lex.europa.eu/LexUriServ/LexUriServ.do?uri=COM:2005:0152:FIN:DE:PDF. Zuletzt geprüft am 23.03.2020.

Kommission der Europäischen Gemeinschaften (Hrsg.): *Memorandum über Lebenslanges Lernen, Arbeitsdokument der Dokumentationsdienststellen. Kom (2000) 1832.* Brüssel 2000. **Unter:** https://www.die-bonn.de/esprid/dokumente/doc-2000/EU00_01.pdf. Zuletzt geprüft am 23.09.2019.

Muth, Cornelia: *Gemeinschaft als das echte Dritte.* In: Gestaltkritik, Zeitschrift für Gestalttherapie der Gestaltinstitute Köln und Kassel, Heft 1,

2005, S. 28-31 und S. 50 f.. **Unter:** http://www.gestalt.de/muth_gemeinschaft.html. Zuletzt geprüft am 24.09.2019.

Woopen, Christiane: *Die Vermessung des Menschen - Big Data und Gesundheit, Jahrestagung des Deutschen Ethikrates am 21. Mai 2015 in Berlin*, Einführung. **Unter:** https://www.ethikrat.org/fileadmin/PDF-Dateien/Veranstaltungen/jahrestagung-21.05.2015-christiane-woopen-einführung.pdf. Zuletzt geprüft am 21.05.2019.

8.2 Sekundärliteratur

Jakob, Gisela: *Biographische Forschung mit dem narrativen Interview.* In: Friebertshäuser, Barbara, Langer, Antje & Prengel, Annedore (Hrsg.), 2010, Beltz Juventa, Weinheim Basel.

Kirchner, Friedrich und Michaëlis, Carl (Begr.), Hoffmeister, Johannes (Fortsetz.), Regenbogen, Armin und Meyer, Uwe (Hrsg.): *Wörterbuch der philosophischen Begriffe.* Hamburg 2013, Felix Meiner Verlag.

Lehberger, Carolin: *Die „realistische Wendung" im Werk von Heinrich Roth: Studien zu einem erziehungswissenschaftlichen Forschungsprogramm.* Münster 2009, Waxmann Verlag.

Reisas, Sabine; Schaller, Regina., Allert, Heidrun, Richter, Christoph; Lehmhaus, Friedrich-Wilhelm: *Exploration der Lernsituation von Studierenden mit Cultural Probes.* In: Zeitschrift für Hochschulentwicklung, Graz 2011, Jg. 6/ Nr. 2, S. 87-92. **Unter:** https://www.zfhe.at./index.php/zfhe/article/view/230. Zuletzt geprüft am 24.03.2020.

8.2.1 Internetquellen, sekundär

Bundesregierung (Hrsg.): *Bologna-Prozess.* **Unter:** https://www.bundesregierung.de/breg-de/service/bologna-prozess-616326. Zuletzt geprüft am 14.09.19.

Schick, Ralf: Mechanische Assistenzsysteme. *Einsatz von Exoskeletten an gewerblichen Arbeitsplätzen.* In: DGUV Forum. Fachzeitschrift für Prävention, Rehabilitation und Entschädigung. Ausgabe 1 2, 2018, S.8-22. **Unter:** http://www.dguv-forum.de/files/594/dguv_forum_1-2_2018-screen.pdf. Zuletzt geprüft am 04.04.2020.

Bundesministerium für Bildung und Forschung (Hrsg.): *Die Exzellenzstrategie*. **Unter:** https://www.bmbf.de/die-exzellentstrategie-3021.html. Zuletzt geprüft am 30.08.2019.

Bundeszentrale für politische Bildung (Hrsg.): *Neoliberalismus.* **Unter:** https://www.bpb.de/nachschlagen/lexika/lexikon-der-wirtschaft/20176/neoliberalismus. Zuletzt geprüft am 01.06.2019.

Gaver, W. William; Boucher Andy; Pennington, Sarah; Walker, Brendan*: Cultural Probes and the value of uncertainty.* In: Interactions, London 2004. **Unter:** https://interactions.acm.org/archive/view/september-october-2004/cultural-probes-and-the-value-of-uncertainty1. Zuletzt geprüft am 25.03.2020.

Muth, Cornelia: *Nicht für die Theorie, sondern für das Leben erkennen wir.* In: Gestaltkritik, Zeitschrift für Gestalttherapie der Gestaltinstitute Köln und Kassel, Heft 1, 2006. **Unter:** http://www.gestalt.de/muth_theorie_leben.html. Zuletzt geprüft am 24.09.2019.

Muth, Cornelia: *Dialogische Pädagogik.* In: Gestaltkritik, Zeitschrift für Gestalttherapie der Gestaltinstitute Köln und Kassel, Heft 1, 2007 **Unter:** http://www.gestalt.de/muth_paedagogik.html. Zuletzt geprüft am 24.09.2019.

Schütze, Fritz: *Biographieforschung und narratives Interview.* In: Neue Praxis, Kritische Zeitschrift für Sozialarbeit und Sozialpädagogik, Heft 13, 1983, S. 283-293. .S. 283-293. **Unter:** https://nbn-resolving.org/urn:nbn:de:0168-ssoar-53147. Zuletzt geprüft am 24.03.2020.

DIALOGISCHES LERNEN

Herausgegeben von Cornelia Muth

ISSN 1614-4643

1 *Cornelia Muth*
Willst Du mit mir gehen, Licht und Schatten verstehen?
Eine Studie zu Martin Bubers Ich und Du
Zweite erweiterte und verbesserte Auflage
ISBN 3-89821-537-7

2 *Susanna Matt-Windel*
Werden am Du – Dialogik in der Eltern-Kleinkind-Beratung
Ein philosophisch-pädagogisches Handlungskonzept nach der Dialogphilosophie Martin Bubers am Beispiel der interaktionellen Eltern-Kleinkind-Beratung
ISBN 3-89821-374-9

3 *Sabine Peter*
Schritte auf dem Weg zum Miteinander in der multikulturellen Gesellschaft Interkulturelle Gärten
Eine psychologisch-dialogphilosophische Perspektive
ISBN 3-89821-464-8

4 *Andrea Förster*
Tiere als Therapie – Mythos oder Wahrheit
Zur Phänomenologie einer heilenden Beziehung mit dem Schwerpunkt Mensch und Pferd
ISBN 3-89821-421-4

5 *Koffi Abah Edem, Jan Großwinkelmann, Yvonne Kahlert, Susanna Matt-Windel, Cornelia Muth, Sabine Peter*
Im Vertrauen und in Verantwortung – 10 Jahre dialogische Pädagogik
ISBN 3-89821-577-6

6 *Stephan J. Harms*
Menschenbilder und Typologie
Kategorien neurotischer Motivationsstrukturen als Orientierungshilfe in der sozialen Arbeit
Chancen und Risiken
ISBN 3-89821-703-5

7 *Susanne Mariyam Hüser-Granzow*
Kunst statt Strafe
Eine dialogische Betrachtung der ästhetischen Arbeit in der Sozialen Arbeit am Beispiel einer Bildhauerwerkstatt für straffällig gewordene Jugendliche
ISBN 978-3-89821-747-7

8 *Thomas Schwenk*
Sport und Bewegungserziehung in der Suchtarbeit
Sozialpädagogische und dialogisch-philosophische Aspekte in der Suchtprävention und Behandlung von Kindern und Jugendlichen
ISBN 978-3-89821-785-9

9 *Cornelia Muth*
Hilfe, ich bin mobil und heimatlos!
Zur Hauslosigkeit postmoderner Menschen
Mit einem Beitrag von Jan Großewinkelmann und Zeichnungen von Miriam Helfer
ISBN 978-3-89821-880-1

10 *Tanja Dräger*
Gender Mainstreaming im Kindergarten
ISBN 978-3-89821-869-6

11 *Dörthe Sontag*
Die modernen Kommunikationsmittel und das Dialogische Prinzip
Bedrohung und Chance für unser Menschsein?
Eine dialogphilosophische Reflexion unserer zwischenmenschlichen Beziehungen im Zeitalter der Mediatisierung
ISBN 978-3-89821-893-1

12 *Isabel Diener*
Lehren und Lernen in offenen Arbeitsformen
Eine Diskussion über die Verwendung von offenen Arbeitsformen im Unterricht am Beispiel einer Pädagogik der Menschenrechte
ISBN 978-3-89821-976-1

13 *Cornelia Muth (Hrsg.)*
„dann kann man das ja auch mal so lösen!"
Auswertungsinterviews mit Kindern und Jugendlichen nach Trainings zur Gewaltfreien Kommunikation
ISBN 978-3-8382-0120-7

14 *Cornelia Muth*
Der Mensch zwischen Gut und Böse
Mit Texten von Martin Buber über das Böse nachsinnen
ISBN 978-3-8382-0340-9

15 *Cornelia Muth*
Von der interkulturellen Erfahrung zur transkulturellen Begegnung – und zurück
ISBN 978-3-8382-0350-8

16 *Cornelia Muth (Hrsg.)*
Ein Wegweiser zur dialogischen Haltung
Dialogische Praxisforschung in Arbeitsfeldern von Sozialer Arbeit und Pädagogik der Kindheit
ISBN 978-3-8382-0520-5

17 *Stefan Bockshecker, Dejan Kibbert*
Profession und Haltung in der Sozialen Arbeit
ISBN 978-3-8382-0789-6

18 *Nicole Pankoke, Silvia Röben*
Grenz-Räume dialogischer Bildung
Zwei Denkbewegungen
ISBN 978-3-8382-0798-8

19 *Nojin Malla Mirza*
Dialogische Ansätze in der Arbeitslosenberatung
Eine empirische Studie zu Grenzen und Perspektiven
ISBN 978-3-8382-1437-5

20 *Silvia Röben*
Bildung – Bewertung – Beziehung – Bewusstsein?
Bildung im Spannungsfeld von Ökonomie und pädagogischer Beziehung
ISBN 978-3-8382-1470-2

ibidem.eu